WISSENSCHAFTLICHE BEITRÄGE AUS DEM TECTUM VERLAG

Reihe Rechtswissenschaften

Band 13

I0028402

Die Zulassung und Einführung von Schulbüchern und anderen Lernmitteln an staatlichen deutschen Schulen

Verfassungs- und verwaltungsrechtliche Grundfragen

von

Sabine Leppek

Tectum Verlag
Marburg 2002

Die Deutsche Bibliothek - CIP-Einheitsaufnahme

Leppek, Sabine:
Die Zulassung und Einführung von Schulbüchern und anderen
Lernmitteln an staatlichen deutschen Schulen.
Verfassungs- und verwaltungsrechtliche Grundfragen.
/ von Sabine Leppek
- Marburg : Tectum Verlag,
Zugl.: Univ. Diss, Marburg 2002
(Wissenschaftliche Beiträge aus dem Tectum Verlag :
Reihe Rechtswissenschaften ; Bd. 13)
ISBN 978-3-8288-8389-5

Tectum Verlag
Marburg 2002

Vorwort

Die vorliegende Arbeit beschäftigt sich mit der Schulbuchzulassung, die in den Bereich der Kulturhoheit der einzelnen Bundesländer fällt. Da in diesem Bereich viele Regelungen auf der Ebene von Verwaltungsvorschriften getroffen wurden, war ich insoweit auf die Hilfe der einzelnen Fachministerien in allen sechzehn Bundesländern angewiesen. Von dort wurden mir die einschlägigen Verwaltungsvorschriften, aber auch andere weiterführende Literatur zu diesem Thema unbürokratisch zur Verfügung gestellt.

Zunächst möchte ich mich bei meinem Doktorvater Herrn Professor Dr. Werner Frotscher für sein Interesse und seine Aufgeschlossenheit gegenüber dem Thema der Arbeit herzlich bedanken. Seine Hinweise und Anregungen haben mir in allen Entstehungsphasen der Arbeit sehr geholfen. Besonders bei den Endkorrekturen hat er mir mit Rat und Tat zur Seite gestanden.

Zu danken habe ich auch meinen Freunden, die mich während der Arbeit an der Dissertation auf ganz unterschiedliche Weise unterstützt haben.

Nicht zuletzt möchte ich die Hilfe meiner Eltern erwähnen, denen die Arbeit gewidmet ist.

Kassel, im April 2002

Sabine Leppek

Gliederung

Literaturverzeichnis

Anders, Sönke	Die Schulgesetzgebung der neuen Bundesländer – Untersuchung über die vorläufige Schulgesetzgebung nach Maßgabe des Einigungsvertrags Weinheim 1995
von Arnim, Hans Herbert	Zur „Wesentlichkeitstheorie" des Bundesverfassungsgerichts – Einige Anmerkungen zum Parlamentsvorbehalt, DVBl. 1987, 1241 ff.
Avenarius, Hermann; Heckel, Hans	Schulrechtskunde, 7. Auflage, Neuwied 2000 (zitiert: Avenarius/Heckel, Schulrechtskunde)
Bachof, Otto	Beurteilungsspielraum, Ermessen und unbestimmter Rechtsbegriff im Verwaltungsrecht, JZ 1955, 97 ff.
Bachof, Otto	Neue Tendenzen in der Rechtsprechung zum Ermessen und zum Beurteilungsspielraum, JZ 1972, 641 ff.
Bader, Johann; Funke-Kaiser, Michael; Kuntze, Stefan; von Albedyll, Jörg	Verwaltungsgerichtsordnung, Kommentar anhand der höchstrichterlichen Rechtsprechung, Heidelberg 1999 (zitiert: Bader/Funke-Kaiser, VwGO)
Beck, Ekkehard	Die Geltung der Lehrfreiheit des Art. 5 Abs. 3 GG für die Lehrer an Schulen, Diss. Bonn 1975
Birk, Hans Jörg	Schulbuchzulassung – Rechtsfragen der Praxis, in: Kulturverwaltungsrecht im Wandel – Rechtsfragen der Praxis in Schule und Hochschule, Festgabe für Thomas Oppermann, München, Hannover 1981
Bleckmann, Albert	Staatsrecht II – Die Grundrechte, 4. Auflage Köln, Berlin, Bonn, München 1997 (zitiert: Bleckmann, Staatsrecht II)
Brehm, Robert; Zimmerling, Wolfgang	Die Entwicklung des Prüfungsrechts seit 1996, NVwZ 2000, 875 ff.
Bryde, Brun-Otto	Anforderungen an ein rechtsstaatliches Schulbuchgenehmigungsverfahren, Gutachten, Frankfurt 1984 (zitiert: Bryde, Gutachten)
Bryde, Brun-Otto	Neue Entwicklungen im Schulrecht, DÖV 82, 661 ff.
Bull, Hans Peter	Allgemeines Verwaltungsrecht, 6. Auflage, Heidelberg 2000
Busch, Bernhard	Das Verhältnis des Art. 80 Abs. 1 S. 2 GG zum Gesetzes- und Parlamentsvorbehalt, Berlin 1992

von Danwitz, Thomas	Die Gestaltungsfreiheit des Verordnungsgebers Zur Kontrolldichte verordnungsgeberischer Entscheidungen, Berlin 1989
Degenhart, Christoph	Staatsrecht I – Staatsorganisationsrecht 16. Auflage, Heidelberg 2000
Dolzer, Rudolf;	Bonner Kommentar zum Grundgesetz,
Vogel, Klaus (Hrsg.)	Teil 1: Einleitung - Art. 5, Teil 2: Art. 6 - 14, Stand: 95. Lieferung, Februar 2001 (zitiert: Bearbeiter in: BK)
Dreier, Horst (Hrsg.)	Grundgesetz Kommentar, Band I, Art. 1-19, Tübingen 1996 (zitiert: Bearbeiter in: Dreier, GG)
Duden	Band 7 – Herkunftswörterbuch, Etymologie der deutschen Sprache, 2. Auflage, Mannheim 1989
Eberle, Carl-Eugen	Gesetzesvorbehalt und Parlamentsvorbehalt – Erkenntnisse und Folgerungen aus der jüngeren Verfassungsrechtsprechung, DÖV 1984, 485 ff.
Eiselt, Gerhard	Schulaufsicht im Rechtsstaat, DÖV 1981, 821 ff.
Erichsen, Hans-Uwe (Hrsg.)	Allgemeines Verwaltungsrecht, 11. Auflage, Berlin, New York 1998 (zitiert: Bearbeiter in: Erichsen, Allgemeines Verwaltungsrecht)
Evers, Hans-Ulrich	Gesetzesvorbehalt im Schulrecht, JuS 1977, 804 ff.
Eyermann, Erich; Fröhler, Ludwig	Verwaltungsgerichtsordnung – Kommentar, 11. Auflage, München 2000 (zitiert: Bearbeiter in: Eyermann/Fröhler)
Fehnemann, Ursula	Bemerkungen zum Elternrecht in der Schule, DÖV 1978, 489 ff.
Gallwas, Hans-Ullrich	Faktische Beeinträchtigungen im Bereich der Grundrechte – Ein Beitrag zum Begriff der Nebenwirkungen, Berlin 1970
Giemulla, Elmar; Jaworsky, Nikolaus; Müller-Uri, Rolf	Verwaltungsrecht, Ein Basisbuch, 6. Auflage, Köln, Berlin, Bonn, München 1998
Groth, Otto	Die unerkannte Kulturmacht – Grundlagen der Zeitungswissenschaften (Periodik), Band 1: Das Wesen des Werkes, Berlin 1960 Band 3: Das Werden des Werkes, Berlin 1961 (zitiert: Groth, Unerkannte Kulturmacht)

Gudjons, Herbert	Pädagogisches Grundwissen, 6. Auflage, Bad Heilbrunn 1999
Gudjons, Herbert; Winkel, Rainer	Didaktische Theorien, Hamburg 1999
Hennecke, Frank	Versuche einer juristischen Begründung der pädagogischen Freiheit, RdJB 1986, 233 ff.
Hesse, Konrad	Grundzüge des Verfassungsrechts der Bundesrepublik Deutschland, 20. Auflage, Heidelberg 1995 (zitiert: Hesse, Verfassungsrecht)
Heussner, Hermann	Vorbehalt des Gesetzes und „Wesentlichkeitstheorie"; Aus der neueren Rechtsprechung des Bundesverfassungsgerichts zum Schulrecht, Festschrift für Erwin Stein, 1983, 111 ff.
Horn, Hans-Detlef	Die grundrechtsunmittelbare Verwaltung, Zur Dogmatik des Verhältnisses zwischen Gesetz, Verwaltung und Individuum unter dem Grundgesetz, Tübingen 1999
Hufen, Friedhelm	Verwaltungsprozessrecht, 4. Auflage, München 2000
Jach, Frank-Rüdiger	Die Bedeutung des Neutralitäts- und Toleranzgebotes bei der Entscheidung über die Zulassung eines Schulbuchs zum Unterrichtsgebrauch, RdJB 1989, 210 ff.
Jarass, Hans D.; Pieroth, Bodo	Grundgesetz für die Bundesrepublik Deutschland, Kommentar, 5. Auflage, München 2000 (zitiert: Jarass/Pieroth, GG)
Kemper, Gerd Heinrich	Pressefreiheit und Polizei, Berlin 1964
Kisker, Gunter	Verhandlungen des 51. Deutschen Juristentages, Band II, Teil M, S. M 82 f., München 1976 (zitiert: Kisker, DJT-Verhandlungen)
Kisker, Gunter	Kooperation im Bundesstaat, Tübingen 1971
	Neue Aspekte im Streit um den Vorbehalt des Gesetzes, NJW 1977, 1313 ff.
Kloepfer, Michael	Der Vorbehalt des Gesetzes im Wandel, JZ 1984, 685 ff.
Kluge	Etymologisches Wörterbuch der deutschen Sprache, 23. Auflage, Berlin, New York 1995
Knack, Hans Joachim (Hrsg.)	Verwaltungsverfahrensgesetz - Kommentar, 7. Auflage, Köln, Berlin, Bonn, München 2000 (zitiert: Bearbeiter in: Knack)

Knoke, Thomas	Die Kultusministerkonferenz und die Ministerpräsidentenkonferenz – Formen und Grenzen von Beziehungen der Länder untereinander, Hamburg 1966
Kollatz, Udo	Freiheit des Lehrers vom Grundgesetz? DÖV 1970, 594 ff.
Kopp, Ferdinand	Die pädagogische Freiheit des Lehrers, Grundlagen und Grenzen, DÖV 1979, 890 ff.
Kopp, Ferdinand; Ramsauer, Ulrich	Verwaltungsverfahrensgesetz - Kommentar, 7. Auflage, München 2000 (zitiert: Kopp/Ramsauer, VwVfG)
Kopp, Ferdinand; Schenke, Wolf-Rüdiger	Verwaltungsgerichtsordnung - Kommentar, 12. Auflage, München 2000 (zitiert: Kopp/Schenke, VwGO)
Kübler, Friedrich	Verhandlungen des 49. Deutschen Juristentages, Band I – Gutachten D: Empfiehlt es sich, zum Schutze der Pressefreiheit gesetzliche Vorschriften über die innere Ordnung von Presseunternehmen zu erlassen? München 1972 (zitiert: Kübler, Gutachten D)
Kühne, Jörg-Detlef	Zum Vollzug landesverfassungsrechtlicher Erziehungsziele – am Beispiel Nordrhein-Westfalens, DÖV 1991, 763 ff.
Lerche, Peter	Grundrechtsschranken, in: Isensee, Josef; Kirchhof, Paul (Hrsg.), Handbuch des Staatsrechts der Bundesrepublik Deutschland, Band V, Heidelberg 1992, § 122 (zitiert: Bearbeiter in: Isensee/Kirchhof, HdbStR V)
Löffler, Martin	Das Zensurverbot der Verfassung, NJW 1969, 2225 ff.
Löffler, Martin; Ricker, Reinhart	Handbuch des Presserechts, 4. Auflage, München 2000 (zitiert: Löffler/Ricker, Presserecht)
Löhning, Bernd	Der Vorbehalt des Gesetzes im Schulverhältnis, Diss. Berlin 1974
von Mangoldt, Hermann; Klein, Friedrich; Starck, Christian (Hrsg.)	Das Bonner Grundgesetz - Kommentar, Band 1, Präambel, Art. 1 - 19, 4. Auflage, München 1999 (zitiert: Bearbeiter in: von Mangoldt/Klein/Starck, GGK I)
Mathy, Klaus	Das Recht der Presse, 4. Auflage, 1988 (zitiert: Mathy, Presserecht)

Maunz, Theodor; **Dürig, Günter;** **Herzog, Roman;** **Scholz, Rupert (Hrsg.)**	Grundgesetz-Kommentar, München 2001 Stand: 38. Lieferung (zitiert: Bearbeiter in: MDHS, GG)
Maurer, Hartmut	Allgemeines Verwaltungsrecht, 13. Auflage, München 2000 (zitiert: Maurer, Verwaltungsrecht)
von Münch, Ingo	Die pädagogische Freiheit des Lehrers – Ein Beitrag zur Rechtsstellung des Lehrers an öffentlichen Schulen, DVBl. 64, 789 ff.
von Münch, Ingo; **Kunig, Philip (Hrsg.)**	Grundgesetz - Kommentar, Band 1, Präambel, Art. 1 - 19, 5. Auflage, München 2000 (zitiert: Bearbeiter in: von Münch/Kunig GGK I)
Niehues, Norbert	Schul- und Prüfungsrecht, Band 1 – Schulrecht, 3. Auflage, München 2000 (zitiert: Niehues, Schulrecht)
Niehues, Norbert	Der Vorbehalt des Gesetzes im Schulwesen – Eine Zwischenbilanz, DVBl. 80, 465 ff.
Oppermann, Thomas	Kulturverwaltungsrecht, Bildung – Wissenschaft – Kunst, Tübingen 1969 (zitiert: Oppermann, Kulturverwaltungsrecht)
Oppermann, Thomas	Verhandlungen des 51. Deutschen Juristentages, Band I – Gutachten C: Nach welchen rechtlichen Grundsätzen sind das öffentliche Schulwesen und die Stellung der an ihm Beteiligten zu ordnen? München 1976 (zitiert: Oppermann, Gutachten C)
Ossenbühl, Fritz	Vorrang und Vorbehalt des Gesetzes, in: Isensee, Josef; Kirchof, Paul (Hrsg.), Handbuch des Staatsrechts der Bundesrepublik Deutschland, Band III, Heidelberg 1988, § 62 (zitiert: Bearbeiter in: Isensee/Kirchhof, HdbStR III)
Ossenbühl, Fritz	Schule im Rechtsstaat, DÖV 1977, 801 (802 f.)
Pauli, Andreas	Der Schutz von Presse und Rundfunk vor dem Zugriff staatlicher Verfolgungsorgane, München 1988
Peine, Franz-Joseph	Allgemeines Verwaltungsrecht, 4. Auflage, Heidelberg 1998
Perschel, Wolfgang	Die Lehrfreiheit des Lehrers, DÖV 1970, 34 ff.
Pfeifer, Wolfgang (Hrsg.)	Ethymologisches Wörterbuch der Deutschen Band 2 (Hi-P), Berlin, 1989

Pieroth, Bodo	Erziehungsauftrag und Erziehungsmaßstab der Schule im freiheitlichen Verfassungsstaat, DVBl. 1994, 949 ff.
Pieroth, Bodo; **Schlink, Bernhard**	Grundrechte – Staatsrecht II, 17. Auflage Heidelberg 2001 (zitiert: Pieroth/Schlink, Grundrechte)
Pieske, Eckhart	Der Weg des deutschen Schulrechts nach dem 51. Deutschen Juristentag in Stuttgart im September 1976, DVBl. 1977, 673 ff.
Preuß, Ulrich K.	Lehrplan und Toleranzgebot, RdJB 1976, 267 ff.
Püttner, Günter; Rux, Johannes	Schulrecht, in: Achterberg, Norbert; Püttner, Günter; Würtenberger, Thomas, Besonderes Verwaltungsrecht, Band I, Wirtschafts-, Umwelt-, Bau-, Kultusrecht, 2. Auflage, Heidelberg 2000, § 14, S. 1124 ff. (zitiert: Püttner/Rux in: Achterberg/Püttner/Würtenberger)
Ramsauer, Ulrich	Assessorklausur im Öffentlichen Recht, 3. Auflage, München 1995
Rauin, Udo; **Tillmann, Klaus-Jürgen;** **Vollstäft, Witlof**	Lehrpläne, Schulalltag und Schulentwicklung, In: Rolff, H.-G.; Bauer, K.-O.; Klemm, K.; Pfeiffer, H. (Hrsg.), Jahrbuch der Schulentwicklung, Band 9 – Daten, Beispiele und Perspektiven, München 1996
Rebe, Bernd	Die Träger der Pressefreiheit nach dem Grundgesetz, Diss. Berlin 1969
Redeker, Konrad	Verfassungsrechtliche Vorgaben zur Kontrolldichte verwaltungsgerichtlicher Rechtsprechung, NVwZ 1992, 305 ff.
Rehborn, Martin	Rechtsfragen bei der Schulbuchzulassung, Diss. München 1986 (zitiert: Rehborn, Schulbuchzulassung)
Rieder, Bernd	Der Zensurbegriff des Art. 118 Abs. 2 der Weimarer Reichsverfassung und des Art. 5 Abs. 1 S. 3 des Bonner Grundgesetzes, Berlin 1970 (zitiert: Rieder, Zensurbegriff)
Rothenbücher, Karl	Das Recht der freien Meinungsäußerung, VVDStRL, Heft 4 (1928), S. 6 ff.
Rupp, Hans Heinrich	„Ermessen", „unbestimmter Rechtsbegriff" und kein Ende, Festschrift für Zeidler, 1987, 455 ff.
Sachs, Michael (Hrsg.)	Grundgesetz Kommentar, München 1996 (zitiert: Bearbeiter in: Sachs, GG)

Schenke, Wolf-Rüdiger	Verwaltungsprozessrecht, 7. Auflage, Heidelberg 2000
Scheuner, Ulrich	Pressefreiheit, VVDStRL, Heft 22 (1965), 1 ff.
Schmidt-Bleibtreu, Bruno; Klein, Franz (Hrsg.)	Kommentar zum Grundgesetz 9. Auflage, Neuwied 1999 (zitiert: Bearbeiter in: Schmidt-Bleibtreu/Klein, GGK)
Schmidt-Jortzig, Edzard	Meinungs- und Informationsfreiheit, in: Isensee, Josef; Kirchhof, Paul, (Hrsg.), Handbuch des Staatsrechts für die Bundesrepublik Deutschland, Band VI, Heidelberg 2001, 2. Auflage, § 141 (zitiert: Bearbeiter in: Isensee/Kirchhof, HdBStR VI)
Schneider, Franz	Presse- und Meinungsfreiheit nach dem Grundgesetz, München 1962
Schoch, Friedrich	Staatliche Informationspolitik und Berufsfreiheit, DVBl. 1991, 667 ff.
Schulze-Fielitz, Helmuth	Neue Kriterien für die verwaltungsgerichtliche Kontrolldichte bei der Anwendung unbestimmter Rechtsbegriffe, JZ 1993, 772 ff.
Seebass, Friederich	Eine Wende im Prüfungsrecht? Zur Rechtsprechung des BVerfG und ihren Folgen, NVwZ 1992, 609 ff.
Smend, Rudolf	Das Recht der freien Meinungsäußerung, VVDStRL, Heft 4 (1928), 44 ff.
Staff, Ilse	Schulaufsicht und pädagogische Freiheit des Lehrers, DÖV 1969, 627 ff.
Starck, Christian	Staatliche Schulaufsicht, pädagogische Freiheit und Elternrecht, DÖV 1979, 269 ff.
Starck, Christian	Das Verwaltungsermessen und dessen gerichtliche Kontrolle, Festschrift für Sendler, 1991, 167 ff.
Staupe, Jürgen	Parlamentsvorbehalt und Delegationsbefugnis, Zur „Wesentlichkeitstheorie" und zur Reichweite legislativer Regelungskompetenz, insbesondere im Schulrecht, Diss. Berlin 1986
Stein, Ekkehart	Das Recht des Kindes zur Selbstentfaltung in der Schule, Neuwied/Berlin 1967
Stelkens, Paul; Bonk, Heinz Joachim; Sachs, Michael (Hrsg.)	Verwaltungsverfahrensgesetz - Kommentar, 5. Auflage, München 1998 (zitiert: Bearbeiter in: Stelkens/Bonk/Sachs, VwVfG)

Stern, Klaus	Das Staatsrecht der Bundesrepublik Deutschland, Band I, 2. Auflage, München 1984 (zitiert: Stern, Staatsrecht I)
Stock, Martin	Pädagogische Freiheit und politischer Auftrag der Schule, Diss. Heidelberg 1971
Stock, Martin	Pädagogische Freiheit und Schulbuchreglement, RdJB 1992, 241 ff.
Ule, Carl Hermann	Zur Anwendung unbestimmter Rechtsbegriffe im Verwaltungsrecht, Festschrift für Jellinek, 1955, 309 ff.
Ule, Carl Hermann	Rechtsstaat und Verwaltung, VerwArch Bd. 76 (1985), 1 ff.
Umbach, Dieter C.	Das Wesentliche an der Wesentlichkeitstheorie, Festschrift für Faller, 1984, 111 ff.
Wahl, Rainer	Risikobewertung der Exekutive und richterliche Kontrolldichte – Auswirkungen auf das Verwaltungs- und das gerichtliche Verfahren, NVwZ 1991, 409 ff.
Wolff, Hans J.; Bachof, Otto; Stober, Rolf	Verwaltungsrecht II, Besonderes Organisations- und Dienstrecht, 5 Auflage, München 1987
Würkner, Joachim	BVerfG auf Abwegen? Gedanken zur Kontrolldichte verwaltungsgerichtlicher Rechtsprechung, NVwZ 1992, 309 ff.

Die Zulassung und Einführung von Schulbüchern und anderen
Lernmitteln an staatlichen deutschen Schulen

- Verfassungs- und verwaltungsrechtliche Grundlagen -

A. Einleitung

Die Unterrichtsgestaltung in Schulen erfolgt mit Hilfe unterschiedlicher Arbeitsmaterialien. Das wichtigste Unterrichtsmedium ist auch heute noch das Schulbuch. Darunter versteht man laut den landesrechtlichen Bestimmungen über die Schulbuchzulassung ein Druckwerk, das für Unterrichtszwecke zur Erreichung der in den Rahmenrichtlinien und Lernplänen festgelegten Lernziele herausgegeben und über eine gewisse Dauer hinweg verwendet wird. Zu den übrigen Lernmitteln zählen Druckwerke und sonstige Hilfsmittel, die neben Schulbüchern im Schulunterricht eingesetzt werden, zum Beispiel Lexika, Arbeitshefte, Aufgabensammlungen oder Lernsoftware.[1]

Zwischen der Fertigstellung eines Schulbuchs oder eines anderen Lernmittels und seiner Verwendung im Schulunterricht wird es von den zuständigen Schulaufsichtsbehörden der einzelnen Bundesländer in einem Schulbuchzulassungsverfahren auf seine Eignung für den Unterricht geprüft.[2] Nur Schulbücher, die dieses Verfahren erfolgreich durchlaufen haben, können für den Gebrauch im Schulunterricht zugelassen werden. Verfassungsrechtlicher Hintergrund dieses Verfahrens ist der in Art. 7 Abs. 1 GG normierte staatliche Erziehungsauftrag. Gemäß Art. 7 Abs. 1 GG steht das gesamte Schulwesen unter der Aufsicht des Staates. Das heißt nach der Rechtsprechung des *Bundesverwaltungsgerichts*, dass der Staat ein umfassendes Herrschaftsrecht über die Schule hat, das seine Befugnisse zur Organisation, Planung, Leitung und Beaufsichtigung des

---

[1] Da in den meisten landesrechtlichen Regelungen an Stelle des allgemeinen Begriffs „Lernmittel" der speziellere Begriff „Schulbuch" beziehungsweise „Schulbuchzulassungsverfahren" verwendet wird, ist auch im Folgenden vom Schulbuch stellvertretend für alle anderen Lernmittel die Rede, soweit keine sachliche Differenzierung notwendig ist.

[2] Nur Hamburg sieht von der Durchführung eines solchen Verfahrens ab, siehe zur dortigen Praxis unten unter B. III. 5. a) cc).

Schulwesens beinhaltet.[3] Zum staatlichen Gestaltungsbereich der Bundesländer gehört dabei auch die Festlegung der Erziehungs- und Unterrichtsziele und die Bestimmung des Unterrichtsstoffs.[4] Die Eignungsprüfung innerhalb des Schulbuchzulassungsverfahrens hat hierbei den Zweck, den Einsatz von Schulbüchern im Unterricht auszuschließen, die zuvor nach bestimmten festgelegten Kriterien als ungeeignet für die Verwendung im Unterricht angesehen worden sind.

Die zugelassenen Schulbücher werden in der Regel jährlich in einem Katalog veröffentlicht, aus dem die zuständigen Gremien der einzelnen Schulen die Schulbücher aussuchen können, die sie verwenden möchten. Diese konkrete Auswahlentscheidung für ein zugelassenes Lernmittel soll als **Einführung** bezeichnet werden. Dem Grundsatz der Lernmittelfreiheit zufolge, der im wesentlichen absichern soll, dass jeder Schüler, unabhängig von der finanziellen Situation seiner Erziehungsberechtigten, die erforderlichen Lernmittel benutzen kann, werden die an den Schulen eingeführten Lernmittel aus staatlichen Mitteln angeschafft und den Schülerinnen und Schülern in der Regel leihweise zur Verfügung gestellt.

Rechtliche Grundlagen und Verfahrensausgestaltung der Zulassung und Einführung von Schulbüchern haben sich in den letzten Jahren in einigen Bundesländern grundlegend verändert (zum Beispiel in Baden-Württemberg, Bayern, Brandenburg, Hamburg und Sachsen-Anhalt). In den neuen Bundesländern wurden nach 1990 neue Regelungen in diesem Bereich getroffen, die inzwischen (teilweise mehrfach) überarbeitet wurden. Grundsätzliche Vorgaben für die Regelung und Ausgestaltung des Schulbuchzulassungsverfahrens finden sich im Beschluss der Ständigen Konferenz der Kultusminister und -senatoren der Länder in der Bundesrepublik Deutschland (Kultusministerkonferenz) vom 29.06.1972[5]. Eine einheitliche Regelung des Verfahrens ist bei einem Vergleich der unterschiedlichen Länderregelungen dennoch nicht festzustellen, da sie sich zwar im Kern an den Vorgaben des Kultusministerkonferenz-Beschlusses ori-

---

3   BVerwGE 6, 101 (104); 18, 38 (39); 23, 351 (352); 47, 194 (198).

4   BVerwGE 5, 153 (156); 47, 194 (198); BVerfGE 34, 165 (182); Hemmrich, in: von Münch/Kunig, GGK I, Art. 7, Rz 8.

5   Richtlinien für die Zulassung von Schulbüchern, Kultusminsterkonferenz-Beschluss-Sammlung Nr. 490, (im Folgenden Kultusministerkonferenz-Beschluss Nr. 490).

entieren, in verschiedenen Punkten jedoch davon abweichen. Die Regelung des Umfangs der Genehmigungspflicht, der Verfahrensausgestaltung und der inhaltlichen Kriterien für die Prüfung der Eignung eines Schulbuchs für den Gebrauch im Schulunterricht ist in den gesetzlichen und untergesetzlichen Bestimmungen der einzelnen Bundesländer uneinheitlich erfolgt; der Spielraum für Regelungen auf ministerialer Ebene ist entsprechend groß. In Brandenburg und Sachsen-Anhalt ist die Schulbuchzulassung dagegen seit kurzer Zeit vereinfacht und liberalisiert worden, so dass sich der ministeriale Arbeitsaufwand auf ein Minimum beschränkt.

Zunächst werden die rechtlichen Grundlagen der Schulbuchzulassung und -einführung in den einzelnen Bundesländern vergleichend dargestellt und ihre inhaltlichen Gemeinsamkeiten und Unterschiede in den wesentlichen Punkten herausgearbeitet (B.). Es stellt sich anschließend die Frage, ob die Durchführung eines Schulbuchzulassungsverfahrens aus verfassungsrechtlicher Sicht überhaupt zulässig ist. Im Vordergrund steht hier, inwieweit Grundrechte der von dem Verfahren Betroffenen (Verlag, Autor, Eltern, Schüler und Lehrer) unzulässig eingeschränkt werden (C.). Daran schließt sich die Frage an, welche verfassungsrechtlichen Anforderungen an die Ausgestaltung des Schulbuchzulassungsverfahrens samt Einführung zu stellen sind. Hierbei ist besonderes Augenmerk darauf zu richten, ob und, wenn ja, in welchem Umfang der Gesetzesvorbehalt für dieses Verfahren gilt und die existierenden Regelungen diesen Anforderungen genügen (D.). Neben verfassungsrechtlichen Fragen soll das Schulbuchzulassungsverfahren und die Entscheidung über die Einführung eines Schulbuchs auf verwaltungsverfahrensrechtliche (E.) und verwaltungsprozessuale (F.) Problematiken hin untersucht werden. Eine Zusammenfassung der Ergebnisse der zuvor behandelten rechtlichen Fragestellungen steht am Ende der Arbeit. (G.).

B. Rechtliche Grundlagen des Schulbuchzulassungsverfahrens

Im Schulbuchzulassungsverfahren wird darüber entschieden, welche Lernmittel im Schulunterricht verwendet werden sollen, um den Schülern in den verschiedenen Schulformen und Altersstufen die vorgeschriebenen Lerninhalte zu vermitteln. Dieses Verfahren hat seine Grundlage in Art. 7 Abs. 1 GG, der unter anderem auch die Festlegung von Erziehungszielen und Lerninhalten dem staatlichen Gestaltungsrecht unterwirft.[6] Ein Schulbuch ist daher, wenn es für den Gebrauch im Schulunterricht zugelassen werden soll, bezüglich der Stoffauswahl nicht frei, sondern inhaltlich an die festgelegten Lerninhalte gebunden. Schulrechtliche Bestimmungen, welche die Festlegung von Erziehungszielen und Lerninhalten zum Inhalt haben, existieren auf verschiedenen Regelungsebenen. Das Schulbuchzulassungsverfahren ist insoweit Ausfluss und gleichzeitig Instrument zur Verwirklichung dieser Regelungen, indem es sich bei der Überprüfung der Eignung eines Schulbuchs für den Schulgebrauch an den vorgeschriebenen Lerninhalten orientieren muss. Die Darstellung soll sich daher nicht allein auf die konkreten Regelungen des Schulbuchzulassungsverfahrens beschränken, sondern auch die (schul-)rechtlichen Grundlagen umfassen, auf denen es basiert.

I. Internationale und nationale Institutionen

Zuvor aber noch ein kurzer Blick auf Organisationen, die sich in besonderer Weise mit Bildungsthemen allgemein und speziell mit der Schulbuchforschung beschäftigen. Auf internationaler Ebene existieren verschiedene Organisationen, die sich mit dem Ziel gegründet haben, ein Forum für die internationale Zusammenarbeit auf dem Bereich von Bildung und Wissenschaft zu bieten. Als wichtigste Organisation ist hier die *United Nations Educational, Scientific and Cultural Organization (UNESCO)* mit Sitz in Paris zu nennen. Sie wurde 1945 in London gegründet und zählt inzwischen 188 Mitgliedstaaten, zu denen die Bundesrepublik Deutschland seit 1951 gehört.[7] Die UNESCO finanziert sich

---

6   Siehe Nachweise oben Fußnote 4.

7   Die Deutsche Demokratische Republik war der UNESCO 1972 beigetreten.

hauptsächlich durch die Pflichtbeiträge ihrer Mitglieder[8] und fördert die internationale Verständigung im Bildungsbereich, insbesondere durch Publikationen, Veranstaltung von Konferenzen unter Beteiligung nationaler Regierungen und Förderung von Bildungsprojekten.[9]

Auf europäischer Ebene existiert unter anderem die *European Educational Publishers Group (EEPG)*, die 1991 gegründet wurde, um die Zusammenarbeit zwischen den Schulbuchverlagen zu fördern. Ziel dieser Organisation ist es vor allem, ein Netzwerk zwischen den führenden europäischen Schulbuchverlagen aufzubauen, um beispielsweise Unterrichtsmaterialien auf „paneuropäischer" Basis zu entwickeln.

Das *Georg-Eckert-Institut* für internationale Schulbuchforschung in Braunschweig[10] bemüht sich − verkürzt gesagt − darum, eine vorurteilsfreie Darstellung anderer Kulturen in den Schulbüchern der einzelnen Staaten zu erreichen. Neben der Veröffentlichung von Publikationen besteht ein Hauptteil der Arbeit des *Georg-Eckert-Instituts* in der Organisation von internationalen Schulbuchkonferenzen und -seminaren. Hier haben zum Beispiel bildungspolitische Vertreter von Ländern, die aus historischen Gründen in einem Konfliktverhältnis zueinander standen oder stehen, die Möglichkeit, sich über vorurteilsfreie, weniger auf die Vergangenheit ausgerichtete Schulbuchinhalte zu verständigen.[11] Besondere Bedeutung hat dies für Schulbücher in den Fächern Geschichte, Erdkunde und Sozialkunde.

---

[8] Haushalt für die Jahre 2000/2001: 544 Millionen US-Dollar.

[9] Ausführliche Informationen im Internet unter http://www.unesco.de.

[10] Ausführliche Informationen: Georg-Eckert-Institut für internationale Schulbuchforschung, Veller Straße 3, 38114 Braunschweig.

[11] So geschehen zum Beispiel bei der Internationalen Tagung „Das Bild des Nachbarn in den Schulbüchern balkanischer Länder" in Thessaloniki vom 16. bis 18.10.1998 oder bei der Deutsch-Tschechischen Schulbuchkonferenz vom 20. bis 23.10.2000 in Prag zum Thema Nationalstaat.

II. Bundesrecht

1. Grundgesetz

Gemäß Art. 30, 70 GG liegt die Gesetzgebungskompetenz in Kultusangelegenheiten bei den einzelnen Bundesländern, da diese Kompetenz in Art. 71 ff. GG nicht ausdrücklich dem Bund zugewiesen wurde, der daher weder Gesetzgebungs- noch Verwaltungskompetenzen hat.[12] Die Kulturhoheit des Landesgesetzgebers ist gemäß Art. 20 Abs. 3 GG nur durch den Verfassungsauftrag des Art. 7 Abs. 1 GG begrenzt, an dessen Vorgaben sich die Bundesländer halten müssen,[13] da andernfalls die betreffende Länderregelung gemäß Art. 31 GG („Bundesrecht bricht Landesrecht") nichtig wäre.

Art. 7 GG macht grundsätzliche Vorgaben für die rechtliche Ausgestaltung des Schulverhältnisses. Nach Art. 7 Abs. 1 GG steht das gesamte Schulwesen unter der Aufsicht des Staates. Daraus wird auch die Befugnis der staatlichen Schulaufsicht abgeleitet, Bildungsinhalte des Schulunterrichts zu bestimmen, indem der Unterricht durch Lehrpläne und Curricula strukturiert wird, die auf bestimmten pädagogischen Grundkonzeptionen basieren; die Schulaufsicht darf auch über die Verwendung von Schulbüchern im Unterricht entscheiden.[14]

In einem Spannungsverhältnis dazu stehen die Grundrechte von Eltern (Art. 6 Abs. 1 GG), Schülern (Art. 2 Abs. 1 GG) und Lehrern (Art. 5 Abs. 3 GG), die mit der staatlichen Kompetenz zur Ausübung der Schulaufsicht kollidieren können. Bei der Schulbuchzulassung stehen dem staatlichen Erziehungsauftrag auch die Rechte von Schulbuchverlagen und -autoren gegenüber, deren Grundrechtspositionen durch schulaufsichtsrechtliche Maßnahmen wie die Versagung der Zulassung eines Schulbuchs zum Unterrichtsgebrauch berührt werden können. Diese Grundrechtspositionen beschränken die Ausübung der staatlichen Schulaufsicht im Sinne des Art. 7 Abs. 1 GG, so dass der Staat nicht jede beliebige Maßnahme treffen und sich dabei auf seine Aufsichtsbefugnis berufen kann.[15] Wie Konflikte, die aus der Kollision von staatlichem Erziehungsauftrag

---

[12] BVerfGE 6, 309 (354).

[13] BVerfGE 6, 309 (354).

[14] BVerwGE 79, 298 (300, 302).

[15] Maunz in: MDHS, GG, Art. 7, Rz 20.

einerseits und Grundrechtspositionen der dadurch Betroffenen andererseits entstehen, rechtlich zu beurteilen sind, wird später genauer zu untersuchen sein.

2. Einfaches Bundesrecht

Bundeseinheitliche Regelungen im Bereich des Schulrechts, welche die länderrechtliche Gestaltungsfreiheit einschränken, existieren wegen der oben beschriebenen Kompetenzverteilung zugunsten der Bundesländer nur in wenigen Bereichen. Zu nennen sind hier insbesondere die Regelungen der Berufsausbildung im Bundesberufsbildungsförderungsgesetz, Bundesausbildungsförderungsgesetz und Fernunterrichtsgesetz. Diese Bestimmungen sind aufgrund Sachzusammenhangs mit Gesetzgebungskompetenzen des Bundes in Art. 73 Nr. 11, 13 GG vom Bund erlassen worden.[16] Darüber hinaus spielt der Bund bei völkerrechtlichen Vereinbarungen im Schulwesen, für deren Abschluss er gemäß Art. 32, 73 Nr. 1 GG teilweise unter Beteiligung der Bundesländer zuständig ist, eine wichtige Rolle.[17]

III. Landesrecht

1. Landesverfassungen

In den einzelnen Landesverfassungen (LV) finden sich schulrechtliche Bestimmungen in unterschiedlichem Umfang: In allen Verfassungen bis auf die der Bundesländer Berlin, Hamburg, Sachsen und Schleswig-Holstein wird zunächst der Wortlaut des Art. 7 Abs. 1 GG wiederholt und die Schule damit unter die staatliche Aufsicht des Landes gestellt. Darüber hinaus werden teilweise ein Recht auf Bildung eingeräumt[18], Erziehungsziele benannt[19] und die Schulpflicht

---

[16] Oppermann, Kulturverwaltungsrecht, S. 162 f.; Maunz in: MDHS, GG, Art. 7, Rz 5a.

[17] Siehe hierzu Oppermann, Kulturverwaltungsrecht, S. 164 ff.

[18] Art. 128 Abs. 1 BayLV, Art. 20 Abs. 1 BerlLV, Art. 29 Abs. 1 BraLV, Art. 27 BreLV, Art. 4 Abs. 1 NdsLV, Art. 8 Abs. 1 S. 1 NRW LV, Art. 7 SachsLV, Art. 25 Abs. 1 S-AnhLV und Art. 20 ThürLV

[19] Art. 131 BayLV, Art. 28 BraLV, Art. 28 BreLV, Art. 56 Abs. 4, 5 HessLV, Art. 15 Abs. 4 M-V LV, Art. 7 NRW LV, Art. 33 RhPflLV, Art. 30 SaarLV, Art. 27 Abs. 1 S-AnhLV und Art. 22 ThürLV

normiert[20]. In Art. 14 Abs. 2 BW LV, Art. 30 Abs. 5 BraLV, Art. 59 Abs. 1 S. 2 HessLV und Art. 9 Abs. 2 NRW LV findet die Lernmittelfreiheit in der Verfassung Erwähnung, wobei ihre genaue inhaltliche Ausgestaltung jeweils einem Gesetz vorbehalten bleibt. Weiterführende Bestimmungen über die Verwendung, Zulassung und Einführung von Lernmitteln finden sich auf landesverfassungsrechtlicher Ebene nicht.

2. Schulgesetze, Rechtsverordnungen und Verwaltungsvorschriften über das Schulbuchzulassungsverfahren

Auch die Regelungen in den Schulgesetzen sind von Bundesland zu Bundesland im Einzelnen unterschiedlich. Trotz dieser Unterschiede sind sie sich in ihrer Grundkonzeption ähnlich, da sie überall die Aufgabe verfolgen, alle für das Schulverhältnis relevanten Gesichtspunkte zu regeln. Der Erziehungs- und Bildungsauftrag der Schule wird formuliert, darüber hinaus werden schulorganisatorische Bestimmungen getroffen: Gliederung des Schulwesens in verschiedenen Schularten und -stufen, Schulträgerschaft und Schulaufsicht, Aufgaben und Kompetenzen von Konferenzen, Schulleitung und Lehrern, Mitwirkungsrechte von Eltern und Schülern am Schulverhältnis.

Vorgaben für das Schulbuchzulassungsverfahren gibt es in den Schulgesetzen von Baden-Württemberg, Bayern, Brandenburg, Hessen, Mecklenburg-Vorpommern, Saarland, Sachsen, Sachsen-Anhalt, Schleswig-Holstein und Thüringen. Die Konzeption dieser Regelungen ist in allen Bundesländern gleich: Zunächst wird die Verwendung von Schulbüchern unter einen Zulassungsvorbehalt gestellt oder zumindest die Möglichkeit, die Verwendung von Schulbüchern von ihrer vorherigen Zulassung abhängig zu machen, eingeräumt. Danach werden Grundsätze festgelegt, bei deren Nichtvorliegen das Schulbuch als ungeeignet für den Schulunterricht anzusehen und seine Zulassung zu versagen ist. Durch die hier genannten Eignungskriterien werden also konkrete inhaltliche Vorgaben für die nähere Ausgestaltung des Zulassungsverfahrens durch Rechtsverordnungen beziehungsweise Verwaltungsvorschriften gemacht. Diese Grundsätze weichen in den Bundesländern in einzelnen Punkten voneinander

---

[20] Art. 56 Abs. 1 S. 1 HessLV, Art. 15 Abs. 2 M-V LV, Art. 4 Abs. 2 S. 1 NdsLV, Art. 8 Abs. 2 NRW LV, Art. 25 Abs. 2 SAnhLV, Art. 8 Abs. 1 SHS LV und Art. 23 Abs. 1 ThürLV.

ab. In jedem Fall müssen Schulbücher mit der Rechtsordnung übereinstimmen und den Lehrplänen und sonstigen Richtlinien entsprechen. Darüber hinaus werden teilweise eine altersgemäße Aufbereitung des Lernstoffes und eine Orientierung der Darstellung an der didaktischen Zielsetzung oder auch die Beachtung von Grundsätzen der Wirtschaftlichkeit gefordert. Zuletzt wird der entsprechende Landeskultusminister ermächtigt, durch Rechtsverordnung oder sonstige Ausführungsbestimmungen die Zulassung und das Zulassungsverfahren weitergehend zu regeln. In den übrigen Bundesländern gibt es in den Schulgesetzen keine Regelungen des Lernmittelzulassungsverfahrens. Hier finden sich relevante Bestimmungen dazu ausschließlich in Rechtsverordnungen beziehungsweise Verwaltungsvorschriften.

Der Inhalt dieser Rechtsverordnungen und Verwaltungsvorschriften der Bundesländer, in denen der Ablauf des Schulbuchzulassungsverfahren im Detail geregelt ist, wird später genauer dargestellt.

3. Regelungen der Kultusministerkonferenz zur Schulbuchzulassung

a) Aufgaben und Kompetenzen der Kultusministerkonferenz

Das föderale System hat wegen der ausschließlichen Kompetenzverteilung auf die Bundesländer im Kultusbereich dazu geführt, dass jedes Land sein spezifisches Schulrecht entwickelt hat. Die Unterschiede in der Landesgesetzgebung reichen – wie schon zuvor grob skizziert – von den die Schule betreffenden Bestimmungen in den Landesverfassungen über die Schulgesetze bis hin zu Regelungen, die in Rechtsverordnungen und Verwaltungsvorschriften getroffen werden. Konsequenz dieser uneinheitlichen Regelung und Ausgestaltung der Schulverhältnisse in den Ländern könnte sein, dass Schülern aufgrund der unterschiedlichen Unterrichtsinhalte ein Schulwechsel über die Ländergrenzen hinaus erschwert wird, und die Vergleichbarkeit und Gleichwertigkeit der Schulabschlüsse in Frage steht. Die Verantwortung für die Gewährleistung von Freizügigkeit und Durchlässigkeit zwischen den Bildungssystemen und Bildungsgängen, auf die Eltern und Schüler einen aus Art. 6 Abs. 2 beziehungsweise Art. 2 Abs. 1, 12 Abs. 1, 3 Abs. 1 und 11 GG resultierenden Anspruch herleiten können[21], obliegt aufgrund der Verteilung der Gesetzgebungskompe-

---

[21]   Anders, Die Schulgesetzgebung der neuen Bundesländer, S. 112.

tenzen den Ländern. Um die rechtliche Ausgestaltung des Schulverhältnisses über die Ländergrenzen hinweg in diesem Sinne abstimmen und koordinieren zu können, haben sich die Kultusminister der Länder in der Kultusministerkonferenz freiwillig institutionell und organisatorisch zusammengeschlossen.[22] Laut dem Vorspruch zur Geschäftsordnung der Kultusministerkonferenz (GO KMK) in der Fassung vom 02.12.1955[23] sieht die Kultusministerkonferenz ihre Aufgabe darin, „Angelegenheiten der Kulturpolitik von überregionaler Bedeutung mit dem Ziel einer gemeinsamen Meinungs- und Willensbildung" zu behandeln und gemeinsame Anliegen zu vertreten. Hauptsächliches Instrumentarium der Kultusministerkonferenz zur Verfolgung dieser Aufgabe sind ihre Beschlüsse, die vom Plenum der Kultusminister und -senatoren einstimmig getroffen werden müssen, wobei jedes Land über eine Stimme verfügt (vgl. A. I. 5. GO KMK). Die Kultusministerkonferenz selbst sieht diese Beschlüsse in der Regel als an die Länder gerichtete Empfehlungen an, welche die verfassungsrechtliche Zuständigkeit nicht tangieren; Verbindlichkeit erlangen sie erst, wenn sie in den Ländern nach Beendigung des vorgeschriebenen Gesetzgebungsverfahrens durch die zuständigen Organe in Landesrecht transformiert werden, so dass die Kultusministerkonferenz selbst keine Gesetzgebungskompetenzen hat.[24] Da ein Kultusministerkonferenz-Beschluss jedoch in der Regel dazu führt, dass die daran beteiligten Kultusminister als Mitglieder der Landesregierungen ein Gesetzgebungsverfahren in dem jeweiligen Bundesland in Gang setzen und auf die Verabschiedung eines Gesetzes hinwirken, das inhaltlich auf einem Kultusministerkonferenz-Beschluss beruht, stellt sich die Frage nach der Rechtsnatur von Kultusministerkonferenz-Beschlüssen im Hinblick auf ihre (gerichtliche) Durchsetzbarkeit in der Praxis nicht.[25]

---

[22] Zunächst ging 1948 aus dem Zonenerziehungsrat und dem Länderrat für Kulturpolitik die „Konferenz der Deutschen Erziehungsminister" hervor. Nach Verabschiedung des Grundgesetzes 1949 änderte sich der Status der Konferenz, die seitdem als Kultusministerkonferenz bezeichnet wird und eine eigene Geschäftsordnung hat, siehe dazu Handbuch der Kultusministerkonferenz, 1969, S. 16 f.

[23] Handbuch für die Kultusministerkonferenz, 1990, S. 23, auch abgedruckt bei Kisker, Kooperation im Bundesstaat, S. 322.

[24] Handbuch für die Kultusministerkonferenz, 1969, S. 15, siehe dazu auch Knoke, Die Kultusministerkonferenz und die Ministerpräsidentenkonferenz, S. 21; Avenarius/ Heckel, Schulrechtskunde, S. 11 mit weiteren Nachweisen.

[25] Oppermann, Kulturverwaltungsrecht, S. 572.

Eine Bindungswirkung für die fünf neuen Bundesländer entfalten auch die Kultusministerkonferenz-Beschlüsse, die vor der Wiedervereinigung verabschiedet wurden und an deren Zustandekommen diese nicht beteiligt waren. Dies geht aus dem am 21./22.02.1991 von der Kultusministerkonferenz unter Beteiligung der neuen Bundesländer gefassten Beschluss hervor, der diese Bindungswirkung aus der bundesstaatlichen Verpflichtung aller Bundesländer, gemeinsame und vergleichbare Strukturen und Standards im Bildungswesen zu schaffen, ableitet.[26]

b) Der Kultusministerkonferenz-Beschluss über die Zulassung von Schulbüchern vom 29.06.1972[27]

Der Beschluss vom 29.06.1972 legt Richtlinien für die Genehmigung von Schulbüchern fest. Diese Richtlinien dienen als Grundlage für die Regelungen in den einzelnen Bundesländern auf Gesetzes-, Verordnungs- oder Erlassebene. Zunächst sollen die Richtlinien der Kultusministerkonferenz dargestellt werden, danach ein Überblick über die Landesbestimmungen folgen und ihr Inhalt vergleichend dargestellt werden.

aa) Genehmigungsvorbehalt

Zunächst wird die Verwendung von Schulbüchern und vergleichbarer Lernmittel im Schulunterricht von ihrer Genehmigung durch das zuständige Kultusministerium abhängig gemacht. Für bestimmte Arbeitsmaterialien wie zum Beispiel Textausgaben oder Formelsammlungen kann von einer Genehmigungspflicht abgesehen werden.

bb) Eignungsprüfung

Der Ablauf des Prüfungs- und Genehmigungsverfahrens ist wie folgt geregelt:

Das Verfahren kommt auf Antrag des Schulbuchverlages an das zuständige Kultusministerium in Gang. Dieser Antrag soll Angaben darüber enthalten, für welche Schulgattung und Klassenstufe das Buch bestimmt ist. Ihm sollen vier

---

26 Beschluss der Kultusministerkonferenz vom 21./22.02.1991, sogenanntes „Hohenheimer Memorandum", siehe dazu Anders, Schulgesetzgebung der neuen Bundesländer, S. 114.

27 Kultusministerkonferenz-Beschluss Nr. 490, GMBl. 1972, 568.

druckfertige Exemplare beiliegen. Es folgt die gutachterliche Prüfung der Eignung des Lernmittels. Als geeignet zum Gebrauch im Schulunterricht ist ein Lernmittel anzusehen, wenn sein Inhalt

(a) nicht gegen allgemeine Verfassungsgrundsätze oder Rechtsvorschriften verstößt,

(b) den Anforderungen der Lehrpläne und Richtlinien inhaltlich, didaktisch und methodisch entspricht.

Die Genehmigung kann mit Nebenbestimmungen, insbesondere unter Widerrufsvorbehalt ergehen. Ein Widerrufsgrund ist insbesondere gegeben, wenn ein Schulbuch den Erkenntnissen der fachlichen, pädagogischen oder didaktischen Forschung nicht mehr entspricht. Eine Ablehnung der Zulassung muss begründet werden. Die Namen der Gutachter, deren Stellungnahmen als Grundlage der Ablehnung gedient haben, können dem Antragsteller in anonymisierter Form bekannt gegeben werden. Die Gutachterauswahl selbst, das heißt persönliche und fachliche Anforderungen an die Gutachter, wird nicht geregelt. Die Verfahrensdauer soll sich zwischen drei bis sechs Monaten bewegen. Für das Verfahren können Gebühren erhoben werden.

cc) Einführung

Zuletzt regeln die Kultusministerkonferenz-Richtlinien, dass Verfahren zur Einführung von Schulbüchern, für die landesrechtlich bestimmt wurde, dass eine zuvor erteilte Schulbuchgenehmigung in dem konkreten Bundesland nicht erforderlich ist, von den Richtlinien nicht berührt werden. Den Bundesländern wird durch diese Vorschrift unter anderem ein Spielraum für Regelungen eingeräumt, durch die ein Zulassungsverfahren ganz abgeschafft wird. Damit wird die Entscheidung über die Verwendung von Schulbüchern den einzelnen Schulen überlassen. Von dieser Möglichkeit hat bislang nur Hamburg Gebrauch gemacht.

4. Rechtsquellen der Schulbuchzulassung in den einzelnen Bundesländern

Um die Suche nach Gesetzen, Rechtsverordnungen und Verwaltungsvorschriften, auf die im Folgenden immer wieder zurückgekommen wird, zu erleichtern, werden den Ausführungen über den genauen Inhalt der Regelung über die

14

Lernmittelzulassung eine Auflistung aller dafür relevanten Regelungen vorangestellt. Von den erst kürzlich erlassenen Rechtsverordnungen oder Verwaltungsvorschriften liegen der Autorin teilweise nur die Lesefassungen der Kultusministerien vor.

a) Baden-Württemberg

- Schulgesetz von Baden-Württemberg vom 1. August 1983 (GBl. S. 397), zuletzt geändert durch Gesetz vom 08. November 1999 (GBl. S. 429).
- Verordnung des Kultusministeriums über die Zulassung von Schulbüchern (SchbZV) vom 17. April 1996 (GBl. S. 332).
- Verordnung des Kultusministeriums über die notwendigen Lernmittel (LMVO) vom 8. Januar 1998 (GBl. S. 85).

b) Bayern

- Bayerisches Gesetz über das Erziehungs- und Unterrichtswesen (BayEUG) in der Fassung vom 31. Mai 2000 (GVBl. S. 414, ber. S. 632).
- Bayerisches Schulfinanzgesetz (SchFG) in der Fassung vom 31. Mai 2000 (GVBl. S. 455, ber. S. 633).
- Verordnung über die Zulassung von Lernmitteln (ZLV) vom 13. September 2000, (bislang liegt nur die Lesefassung vor).

c) Berlin

- Schulgesetz für Berlin (SchulG) in der Fassung vom 20. August 1980 (GVBl. S. 2103), zuletzt geändert durch Gesetz vom 12. März 1997 (GVBl. S. 96).
- Ausführungsvorschriften über die Prüfung, Zulassung und Überlassung von Lernmitteln in der Berliner Schule, im Berlin-Kolleg und in den sonstigen Lehrgängen,

  (AV-Lernmittel), Verwaltungsvorschrift vom September 2000 (Bislang liegt nur die Lesefassung vor, veröffentlicht wird der Erlass im GVBl. Teil III.).

d) Brandenburg

• Gesetz über die Schulen im Land Brandenburg vom 12. April 1996 (GVBl. I S. 102), zuletzt geändert durch Gesetz vom 19. März 1998 (GVBl. I S. 48).

• Verordnung über die Zulassung von Lernmitteln und über die Lernmittelfreiheit (LernMV) in der Fassung vom 06. September 2000 (GVBl. II, S. 333 f.).

e) Bremen

• Bremisches Schulgesetz (SchulG) in der Fassung vom 20. Dezember 1994 (GBl. S. 327, ber. GBl. 95, S. 129).

• Richtlinien für die Zulassung von Lernmitteln an den öffentlichen Schulen im Land Bremen (RZvL), Runderlass vom 5. Oktober 1999 (bislang liegt nur die Lesefassung vor).

f) Hamburg

• Hamburgisches Schulgesetz (HmbSG) vom 16. April 1997 (GVBl. Teil I S. 97).

g) Hessen

• Hessisches Schulgesetz vom 17. Juni 1992 (GVBl. I S. 233) zuletzt geändert durch Gesetz vom 15. Mai 1997 (GVBl. I S. 143, 204).

• Verordnung über die Zulassung von Schulbüchern (SchbZVO) vom 8. Januar 1996 (ABl. S. 74) in der Fassung vom 12. Januar 1998 (ABl. 1/98, S. 3).

h) Mecklenburg-Vorpommern

• Schulgesetz des Landes Mecklenburg-Vorpommern vom 15. Mai 1996 (GVOBl. S. 205), zuletzt geändert durch Gesetz vom 12. Juli 1999 (GVOBl. S. 408).

• Schulbuchkatalog (Schbkat), Runderlass vom 16.01.1998 (MBl. KM 2/98, S. 2).

i) Niedersachsen

• Niedersächsisches Schulgesetz (NSchG) in der Fassung vom 03. März 1998 (GVBl. S. 137), zuletzt geändert durch Gesetz vom 17. Dezember 1999 (GVBl. S. 430).

• Genehmigung, Einführung und Benutzung von Schulbüchern an allgemeinbildenden und berufsbildenden Schulen in Niedersachsen (SchbErl), Erlass vom 07. Juli 2000 (bislang liegt nur die Lesefassung vor).

j) Nordrhein-Westfalen

• Lernmittelfreiheitsgesetz (LFG) in der Bekanntmachung vom 24. März 1982 (GABl. NW S. 131).

• Genehmigung von Lernmitteln (SchbrdE), Runderlass vom 16. Januar 1991 (GABl. NW S. 34), zuletzt geändert durch Runderlass vom 25. März 1997 (GABl. NW S. 104).

k) Rheinland-Pfalz

• Landesgesetz über die Schulen in Rheinland-Pfalz (SchulG) vom 6. November 1974 (GVBl. S. 487), zuletzt geändert durch Gesetz vom 12. Oktober 1999 (GVBl. S. 325).

• Verwaltungsvorschrift über die Genehmigung, Einführung und Verwendung von Lehr- und Lernmitteln (SchbVwV) vom 25. Mai 1993 (GABl. S. 436).

l) Saarland

• Gesetz zur Ordnung des Schulwesens im Saarland (Schulordnungsgesetz-SchoG) vom 5. Mai 1965 (ABl. S. 385) in der Fassung vom 21. August 1996 (ABl. S. 385), zuletzt geändert durch Gesetz vom 07. Juni 2000 (ABl. S. 1018).

• Gesetz über die Einführung und Durchführung der Lernmittelfreiheit im Saarland vom 05. Juni 1974 (ABl. S. 578), zuletzt geändert durch Gesetz vom 04. Juli 1979 (ABl. S. 664).

- Verordnung über die Zulassung, Einführung, Anschaffung und Verwendung von Schulbüchern (SchulbVO) vom 5. April 1982 (ABl. S. 321), zuletzt geändert durch Änderungsverordnung vom 28. Januar 1998 (ABl. S. 135).

m) Sachsen

- Schulgesetz des Landes Sachsen vom 3. Juli 1991 (GVBl. S. 213), zuletzt geändert durch Gesetz vom 29. Juni 1998 (GVBl. S. 271).

- Verordnung des Sächsischen Staatsministeriums für Kultus über die Zulassung von Schulbüchern (SchbZVO) vom 7. Oktober 1997 (ABl. SMK S. 397oder GVBl. S. 595).

n) Sachsen-Anhalt

- Schulgesetz des Landes Sachsen-Anhalt in der Fassung vom 27. August 1996 (GVBl. S. 281), zuletzt geändert durch Gesetz vom 13. Januar 2000 (GVBl. S. 108).

- Zulassung von Schulbüchern im Land Sachsen-Anhalt (SchbrdE), Runderlass vom 6. September 1999 (SVBl. LSA Nr. 12/1999S. 369).

o) Schleswig-Holstein

- Schleswig-Holsteinisches Schulgesetz (SchulG) in der Fassung vom 2. August 1990 (GVOBl. S. 451), zuletzt geändert durch Gesetz vom 21. September 1999 (GVOBl. 263 S. 482).

- Landesverordnung über die Zulassung von Schulbüchern (Schulbuchordnung - SchbO) vom 10. August 1983 (MBl. KM S. 168).

p) Thüringen

- Thüringisches Schulgesetz vom 6. August 1993 (GVBl. S. 445), zuletzt geändert durch Gesetz vom 16. Dezember 1996 (GVBl. S. 315)

- Thüringische Verordnung über die Genehmigung und Zulassung von Lehr- und Lernmitteln sowie die Einführung und Bereitstellung von Lernmitteln (LLVO) vom 19. Februar 1997 (GVBl. S. 92).

5. Vergleichende Darstellung der Rechts- und Verwaltungsvorschriften über das Schulbuchzulassungsverfahren in den einzelnen Bundesländern

Die folgende Darstellung der verschiedenen Landesregelungen verzichtet der Übersichtlichkeit halber bewusst darauf, die Bestimmungen über das Schulbuchzulassungsverfahren für jedes einzelne Bundesland zu nennen und detailliert zu beschreiben. Es soll vielmehr darum gehen, die Regelungsstrukturen, Gemeinsamkeiten und Unterschiede in zentralen Punkten des Verfahrens aufzuzeigen und zu verdeutlichen. Der vergleichenden Darstellung in diesem Kapitel ist als Anhang eine zusammenfassende Übersicht angefügt, in der die relevanten Bestimmungen der einzelnen Bundesländern genannt und ihr Inhalt dargestellt werden. Auf diese Weise kann das jeweilige Landesrecht schnell gesichtet und zudem im einzelnen mit dem Recht der anderen Bundesländer verglichen werden.

a) Unterschiedliche Regelungsmodelle

Regelungen des Verfahrens der Zulassung und Einführung von Lernmitteln finden sich auf verschiedenen Ebenen. Diese Regelungen können in drei grundsätzlich voneinander abweichende Modelle eingeteilt werden:

aa) Regelung durch Rechtsverordnung

In acht Bundesländern finden sich Regelungen in Rechtsverordnungen, die das Zulassungsverfahren konkret und detailliert regeln und die auf einer Ermächtigungsgrundlage in dem jeweiligen Landesschulgesetz basieren, in der die inhaltlichen Anforderungen an Eignungsprüfung und Zulassungsverfahren kursorisch bestimmt werden, und teilweise auch die Zuständigkeit für das Einführungsverfahren geregelt ist. Dies ist in Baden-Württemberg, Bayern, Brandenburg, Hessen, Saarland, Sachsen, Schleswig-Holstein und Thüringen der Fall. Inhalt und Konzeption dieser schulgesetzlichen Regelungen sind oben unter B. III. 2., bereits kurz dargestellt worden. Es werden jeweils einzelne Eignungskriterien festgelegt, die in den Rechtsverordnungen, die aufgrund dieser schulgesetzlichen Vorgaben ergangen sind, aufgegriffen und teilweise erweitert werden. Verfahrensregelungen oder Vorgaben für die Durchführung des Verfahrens existieren in den Schulgesetzen nicht. Sie finden sich nur in den einschlägigen Rechtsverordnungen.

bb) Regelung durch Verwaltungsvorschrift[28]

In Berlin, Bremen, Mecklenburg-Vorpommern, Niedersachsen, Nordrhein-Westfalen, Rheinland-Pfalz und Sachsen-Anhalt existieren Zulassungsregelungen nur auf der Ebene einer Verwaltungsvorschrift.

In Mecklenburg-Vorpommern, Niedersachsen und Sachsen-Anhalt beruhen diese Verwaltungsvorschriften auf Bestimmungen in den jeweiligen Schulgesetzen, die ein Zulassungsverfahren vorschreiben, grundsätzliche Eignungskriterien für ein Schulbuch festlegen und dem Kultusministerium die weitere Verfahrensausgestaltung übertragen. In den anderen Bundesländern wird als Ermächtigungsgrundlage für den Erlass von Verwaltungsvorschriften eine Vorschrift aus dem jeweiligen Schulgesetz genannt, die allgemein den Erlass von Ausführungsvorschriften durch den Kultusminister zulässt, ohne inhaltliche Vorgaben an den Inhalt dieser Verwaltungsvorschriften zu machen.

cc) Sonderfall Hamburg

Hamburg spielte unter allen Bundesländern bei der Lernmittelzulassung schon immer eine Sonderrolle. Die Zulassungsregelungen nach altem Recht[29] wurden nunmehr durch § 9 HambgSchulG vom 16. April 1997 ersetzt, durch den ein der Einführung vorgelagertes Zulassungsverfahren generell abgeschafft wurde. Das Kultusministerium gibt Empfehlungslisten von Schulbüchern heraus, die aber keinen verbindlichen Charakter haben. Schulbücher können daher unter den Voraussetzungen des § 9 Abs. 1 HambgSchulG an einer Schule eingeführt werden, ohne dass es einer Eignungsprüfung innerhalb eines Zulassungsverfahrens bedarf. Materiell-rechtliche Voraussetzung ist aber, dass sie mit der Rechtsordnung übereinstimmen, die Schüler bei der Erarbeitung der Inhalte der Bildungspläne unterstützen und den wissenschaftlichen, methodischen und didaktischen

---

[28] Zur Terminologie: Die Begriffe Verwaltungsvorschrift, Erlass und Runderlass werden synonym verwendet.

[29] Schulgesetz von Hamburg in der Fassung vom 4. Oktober 1979, GVBl. S. 281, siehe zur alten Zulassungspraxis Rehborn, Schulbuchzulassung, S. 17 f.

Anforderungen genügen und kein diskriminierendes Verständnis fördern. Außerdem dürfen Grundsätze wirtschaftlicher Haushaltsführung der Benutzung nicht entgegenstehen. Ob diese Voraussetzungen bei einem Schulbuch oder anderem Lernmittel vorliegen und dieses eingeführt werden soll, entscheidet gemäß § 9 Abs. 2 HambgSchulG die Lehrerkonferenz.

Da die vom Kultussenator herausgegebenen Listen empfohlener Schulbücher von den Schulen faktisch wie verbindliche Schulbuchkataloge verwendet werden, ist das Zulassungsverfahren dort de facto nicht abgeschafft. Die folgenden Ausführungen sind daher auch für die Zulassungs- und Einführungspraxis in Hamburg zu beachten.

b) Umfang der Genehmigungspflicht

Der Kultusministerkonferenz-Beschluss regelt den Umfang der Genehmigungspflicht für Schulbücher nach dem Regel-Ausnahme-Prinzip: Grundsätzlich stehen alle Schulbücher in jedem Fach und für alle Schulformen unter einem Genehmigungsvorbehalt. Es können jedoch Ausnahmen von dieser Genehmigungspflicht gemacht werden. Die Möglichkeit, von einer Genehmigungspflicht abzusehen, wird ausdrücklich für Lernmittel wie Textausgaben, Formelsammlungen und ähnlichen Materialien eingeräumt.

Auf Länderebene wurde das Regel-Ausnahme Prinzip übernommen. Das heißt, dass auch hier grundsätzlich alle Lernmittel vor dem Gebrauch im Unterricht genehmigt werden müssen, für bestimmte ausdrücklich benannte Materialien aber ein Genehmigungsbedarf nicht besteht. Diese Ausnahmetatbestände weichen in den einzelnen Bundesländern, was ihren Umfang angeht, von einander ab. Die Genehmigungspflicht entfällt für bestimmte Materialien, bestimmte Fächer oder bestimmte Schularten.

aa) Differenzierung nach Art der Materialien

Bei den Materialien, die von der Zulassungspflicht befreit sind, handelt es sich in der Regel um solche, die auch in dem Kultusministerkonferenz-Beschluss Nr. 490 aufgeführt sind. Dort ist von Textausgaben, Formelsammlungen und ähnlichem die Rede. Diese Regelung ist ihrem Sinn und Zweck nach so zu verstehen, dass für solche Lernmittel von einer Genehmigungspflicht abgesehen wird beziehungsweise werden kann, die beispielsweise Texte, Formeln, Gesetze oder Lieder wiedergeben. Dabei beschränken sich diese Lernmittel jedoch auf die Auswahl und Anordnung der Materialien und enthalten darüber hinaus keine eigenen Wertungen. Aus diesem Grund wird die Durchführung einer eigenen Eignungsprüfung als nicht zwingend notwendig angesehen. In der Regel werden diese Lernmittel auch nur ergänzend und auszugsweise im Unterricht verwendet. Sie werden also typischerweise nicht – wie es beim Schulbuch der Fall ist – als unterrichtsbegleitende Medien eingesetzt. Zudem können sie durch ihren Inhalt die aufgestellten Eignungskriterien, zum Beispiel Lehrplankonvergenz, kaum berühren, da sie gar nicht die Aufgabe haben, sich vollständig am Lehrplan zu orientieren. Von einer Eignungsprüfung wird für solche Lernmittel daher abgesehen. Der genaue Umfang der Ausnahmetatbestände ist in den einzelnen Ländern unterschiedlich. In der Regel werden Textsammlungen, Formelsammlungen, Tabellenwerke, Wörterbücher, Liederbücher, Lektüren, Grammatiken, Aufgabensammlungen und Arbeitshefte von der Genehmigungspflicht ausgenommen. Außerdem finden sich in einigen Bundesländern weitere Ausnahmen. Teilweise werden Begleitmaterial zu Schulfunk- und Schulfernsehsendungen[30], bestimmte Computersoftware[31] oder Bibeln[32] ausdrücklich erwähnt. Daneben existieren mancherorts besondere Bestimmungen über die Genehmigungsbedürftigkeit von Lernmitteln, die von Lehrkräften selbst für den Einsatz im Schulunterricht entwickelt wurden.[33] Diese Materialien unterliegen keiner Genehmigungspflicht; in einigen Bundesländern wird ausdrücklich darauf hingewiesen, dass diese Materialien aber ebenfalls den Kriterien genügen müssen, anhand derer die Eignung aller anderen Lernmittel überprüft wird.

bb) Differenzierung nach Fächern

In einigen Bundesländern sind Ausnahmetatbestände auch für Schulbücher in bestimmten Fächern vorgesehen, die dann jeweils in den einzelnen Bestimmungen aufgezählt werden. In der Regel kann davon ausgegangen werden, dass es

---

[30] § 3 Abs. 4 SaarSchVO.

[31] A 2.1 NRWSchbrdE, § 5 Abs. 1 BraLernMV.

[32] Nr. 5 M-V Schulbkat.

[33] Dies ist in den Zulassungsbestimmungen von Baden-Württemberg, Bayern, Brandenburg, Nordrhein-Westfalen, Sachsen und Schleswig-Holstein der Fall.

sich hier eher um naturwissenschaftliche, seltener um geisteswissenschaftliche Fächer handelt, da bei letzteren der inhaltliche Gestaltungsspielraum der Autoren und damit die Möglichkeit der Nichtbeachtung von Eignungskriterien größer ist.

cc) Differenzierung nach Schularten

Zuletzt wird beim Genehmigungsumfang auch zwischen einzelnen Schularten unterschieden. In einigen Bundesländern werden Schulbücher und andere Lernmittel, die an Schulen für Seh-, Gehör- und Geistigbehinderte verwendet werden, von der Genehmigungspflicht ausgenommen.[34] Ausnahmetatbestände gibt es auch für berufliche Schulen[35], wobei Ausnahmen hier zum Teil nur für bestimmte Fächer vorgesehen sind.

dd) Vereinfachte Zulassung in Brandenburg und Sachsen-Anhalt

Diese Bundesländer haben in ihren aktuellen Schulbuchbestimmungen die Schulbuchzulassung liberalisiert. Der ministerielle Prüfungsaufwand beschränkt sich im Wesentlichen auf eine stichprobenartige Kontrolle der Schulbucheignung, so dass die Verlage in ihrer Eigenverantwortung gestärkt werden.

(1) Brandenburg

Neben den nicht zulassungspflichtigen Unterrichtshilfsmitteln und den pauschal zugelassenen Arbeitsheften, Schulbüchern, Grammatiken et cetera, über deren Verwendung die Schule entscheidet, werden die Schulbücher in einigen Fächern einer vereinfachten Prüfung unterzogen. Dies gilt für die Fächer Arbeitslehre, Astronomie, Biologie, Chemie, Deutsch, Griechisch, Kunst, Latein, Mathematik, Physik, Technik, sowie die lebenden Fremdsprachen der Primarstufe und der Sekundarstufe I, § 7 Abs. 5 LernMV. Danach muss der Verlag Schulbücher in diesen Fächern dem Kultusministerium bekannt geben und ein Exemplar zusenden. Zusätzlich muss er eine schriftliche Erklärung abgeben, in

---

[34] Zulassungsbestimmungen von Baden-Württemberg, Sachsen, Sachsen-Anhalt und Schleswig-Holstein.

[35] Zulassungsbestimmungen von Baden-Württemberg, Bremen, Hessen, Mecklenburg-Vorpommern, Niedersachsen, Rheinland-Pfalz, Sachsen, Sachsen-Anhalt, Schleswig-Holstein, Thüringen.

der er versichert, dass das jeweilige Schulbuch den landesrechtlichen Zulassungsvoraussetzungen genügt. Die Kompetenz zur Durchführung von stichprobenartigen Einzelprüfverfahren steht dem Kultusministerium zu Kontrollzwecken weiter zu, § 7 Abs. 6 LernMV.

(2) Sachsen-Anhalt

Sachsen-Anhalt geht bei der Liberalisierung noch einen Schritt weiter: Hier besteht keine Zulassungspflicht für Schulbücher der Primarstufe und der Sekundarstufe I in den Fächern Mathematik, Deutsch als Fremdsprache, Kunst und für den Unterricht an Abendsekundarschulen, Schulen für geistig und körperlich Behinderte und für alle Schulbücher der Sekundarstufe II (vgl. I. Nr. 2. SchbrdE). Die Schule prüft die Schulbücher in diesen Fällen in eigener Verantwortung. Alle übrigen Schulbücher unterliegen, wie in Brandenburg, einer vereinfachten Zulassung, bei der die Bekanntgabe des Schulbuchs an das Landesinstitut für Lehrerfortbildung, Lehrerweiterbildung und Unterrichtsforschung in Sachsen-Anhalt (LISA) erfolgen muss. Gleichzeitig muss der Verlag die Eignung des Schulbuches im Sinne der landesrechtlichen Bestimmungen versichern. Nur in den Fächern Ethik und Sozialkunde findet ein Einzelprüfverfahren statt, daneben besteht im übrigen auch die Möglichkeit zur stichprobenartigen Überprüfungen aller Schulbücher (vgl. I. Nr. 8., 9.1 SchbrdE).

c) Zuständigkeit

Zuständig für die Durchführung des Zulassungsverfahrens und die Zulassungsentscheidung sind laut Kultusministerkonferenz-Beschluss Nr. 490 und den einzelnen Landesgesetzen, Landesverordnungen und -verwaltungsvorschriften die Kultusministerien und -senatoren der einzelnen Bundesländer.

In einigen Bundesländern sind diese Kompetenzen an ein dem Kultusministerium oder Kultussenator angegliedertes Landesinstitut abgegeben worden, das die Zulassungsprüfung und auch die Zulassungsentscheidung teilweise in eigener Verantwortung vornimmt. Solche Institute existieren in

- Baden-Württemberg

  Landesinstitut für Erziehung und Unterricht (LIEU); hier verbleibt die Zulassungsentscheidung beim Kultusministerium.

- Bremen

  Landesinstitut für Schule (LIS); das LIS entscheidet in eigener Zuständigkeit.

- Niedersachsen

  Niedersächsisches Landesinstitut für Fortbildung und Weiterbildung im Schulwesen und Medienpädagogik (NLI); das NLI entscheidet in eigener Zuständigkeit.

- Sachsen

  Staatsinstitut für Bildung und Schulentwicklung (StIBS); das StIBS entscheidet in eigener Zuständigkeit.

- Sachsen-Anhalt

  Landesinstitut für Lehrerfortbildung, Lehrerweiterbildung und Unterrichtsforschung in Sachsen-Anhalt (LISA); das LISA entscheidet in eigener Zuständigkeit.

- Schleswig-Holstein

  Landesinstitut für Praxis und Theorie der Schule (LIPT); die Zulassungsentscheidung verbleibt hier beim Kultusministerium.

Die Beteiligung von Eltern und Schülern am Zulassungsverfahren ist nur in Baden-Württemberg geregelt. Dort wirken die Eltern über die Stellungnahme des Landeselternbeirates an der Zulassung von Schulbüchern mit. In allen übrigen Bundesländern werden Eltern und Schüler nicht am Genehmigungsverfahren beteiligt, dort findet eine Mitwirkung erst auf der Ebene der Einführung eines bereits zugelassenen Schulbuchs an der Schule statt. Die Mitwirkungsrechte bei der Einführung sind besonders in Sachsen-Anhalt ausgeweitet worden.

Einen Sonderfall stellen die Zuständigkeiten bei der Zulassung von Schulbüchern für den Religionsunterricht dar. In einigen Bundesländern existieren hier Bestimmungen, welche die Zulassung für den Gebrauch eines Schulbuchs im Religionsunterricht durch das Kultusministerium vom vorherigen Einvernehmen mit den betreffenden Kirchen oder Religionsgemeinschaften abhängig machen.[36] In der Regel leitet das Kultusministerium das zur Zulassung eingereichte Religionsbuch an die zuständigen Behörden der Kirche beziehungsweise Religionsgemeinschaft weiter, die dann ihrerseits eine begründete Stellungnahme zur Eignung des Buches abgeben, aufgrund derer das Kultusministerium seine Zulassungsentscheidung trifft. Abweichend davon erfolgt in Baden-Württemberg die Zulassung von Religionsbüchern nicht durch das Kultusministerium, sondern durch die zuständigen Kirchenbehörden direkt. Das Kultusministerium hat hier seine Prüfkompetenz also ganz aufgegeben.

In allen übrigen Bundesländern gibt es keine ausdrücklichen Regelungen zur Zulassung von Religionsbüchern, so dass davon auszugehen ist, dass dort die Zuständigkeit für das Prüfverfahren den allgemeinen Regeln folgt.

d) Antrag

Der Antrag auf Zulassung eines Lernmittels für den Gebrauch an Schulen ist vom Verlag oder Hersteller an das jeweilige Kultusministerium zu richten, in den oben unter c) genannten Bundesländern an die für die Schulbuchzulassung zuständigen Landesinstitute, soweit sie in eigener Zuständigkeit entscheiden. Der Antrag muss bestimmte Angaben über das zuzulassende Lernmittel enthalten, der Kultusministerkonferenz-Beschluss nennt hier Angaben über Schulgattung, Klassenstufe und Preis. Darüber hinaus verlangen die einzelnen Länderregelungen Angaben über Auflage, Einbandart, Seitenzahl, Bestellnummer und Erläuterungen für die Gutachter hinsichtlich der fachlichen, pädagogischen und didaktischen Konzeption. Als formelle Anforderung wird in der Regel die Einreichung eines druckfertigen Manuskripts verlangt, das in mehreren Exemplaren (je nach Landesregelung zwischen drei und fünf) vorzulegen ist. Für jede Schulart ist ein eigener Antrag zu stellen. Der Kultusministerkonferenz-Beschluss erlaubt das Festlegen von Einsendeterminen. Davon hat unter anderem Hessen Gebrauch gemacht, indem es die Antragstellung zwei Wochen vor Beginn der Sommerferien für das übernächste Schuljahr verlangt.

---

[36] § 7 Nr. 4 BaySchbZVO, § 9 HessSchbO, § 10 Abs. 2 MVSchulG, Nr. 2.1 SchbErlRhPf, § 3 Abs. 3 SaaSchbVO, § 5 Abs. 1 SachSchbErl, § 43 Abs. 4S. 2 ThürSchulG.

e) Gutachterliche Prüfung

Im Kultusministerkonferenz-Beschluss werden ausdrückliche Regelungen über die Durchführung der Begutachtung eines Lernmittels auf seine Eignung nicht getroffen. Nr. 8, S. 2 Kultusministerkonferenz-Beschluss legt nur fest, dass die der Versagung einer Zulassung zugrunde liegenden Gutachten den Verlagen ohne Nennung der Gutachternamen bekannt gegeben werden sollen. Daran wird deutlich, dass die Durchführung eines Gutachterverfahrens logisch vorausgesetzt wird. Auch in Baden-Württemberg, Saarland und Sachsen wird davon ausgegangen, dass es eine Eignungsprüfung durch Begutachtung der Lernmittel gibt. Wie dieses Gutachterverfahren aussieht, wer welche Gutachter bestellt, und welchen Anforderungen die Gutachter genügen müssen, ist jedoch nicht geregelt.

Regelmäßige Praxis in den Ländern ist, dass das Kultusministerium oder die zuständigen Landesinstitute zwei oder drei sachverständige und fachkompetente Personen (das sind in der Regel Lehrer) mit der Begutachtung der zuzulassenden Lernmittel auf ihre Eignung hin auswählen und bestellen. Aufgrund dieser Gutachten trifft das Kultusministerium dann die endgültige Entscheidung über den Zulassungsantrag. Ausdrücklich ist ein solches Vorgehen in den jeweiligen Schulbuchzulassungsverordnungen oder -erlassen von Bayern, Brandenburg, Hessen, Niedersachsen, Nordrhein-Westfalen, Rheinland-Pfalz, Sachsen-Anhalt und Thüringen geregelt.

Besondere, davon abweichende Gremien und Verfahren gibt es in Berlin, Bremen, Mecklenburg-Vorpommern und Schleswig-Holstein. In Berlin wurden Prüfungsbeiräte gegründet, die sich mit der Begutachtung von Lernmitteln befassen. Das Kultusministerium leitet die ihm vom Antragsteller zugeleiteten Prüfexemplare an den jeweiligen Prüfungsbeirat weiter. Der Vorsitzende des Prüfungsbeirates bestimmt anschließend zwei sachverständige Mitglieder des Beirates als Gutachter. Mit Zustimmung des Kultusministeriums können auch Nichtmitglieder als Gutachter bestellt werden. Aufgrund dieser Gutachten trifft das Kultusministerium dann die abschließende Entscheidung.

In Bremen wurden für einzelne Unterrichtsfächer Gutachterausschüsse gebildet, die aus mindestens drei Mitgliedern bestehen. Der Ausschuss einigt sich darauf, eines seiner Mitglieder federführend mit der Begutachtung eines Schulbuches zu betrauen. Die endgültige gutachterliche Bewertung trifft der Ausschuss im Ganzen.

In Schleswig-Holstein wird zwischen einem nicht-förmlichen und einem förmlichen Prüfungsverfahren unterschieden. Das Landesinstitut Schleswig-Holstein für Praxis und Theorie der Schule (IPTS) bekommt die Prüfexemplare vom Kultusministerium zugesendet und kontrolliert zunächst, ob die Durchführung eines nicht-förmlichen Prüfverfahrens ausreicht, bei dem nur eine vereinfachte Kurzbegutachtung erfolgt. Es schlägt dem Kultusministerium ein solches Kurzverfahren vor, wenn es sich bei dem Prüfexemplar um eine unwesentlich veränderte Neubearbeitung handelt, es sich um eine Erneuerung einer abgelaufenen Zulassung handelt, aber kein neuer Lehrplan in Kraft getreten oder in Planung ist, die Zulassungsbescheide anderer Bundesländer ein erneutes Prüfverfahren entbehrlich erscheinen lassen oder das Schulbuch von der Kultusministerkonferenz empfohlen ist. In allen anderen Fällen wird ein förmliches Verfahren durchgeführt. Das heißt, dass das Landesinstitut Schleswig-Holstein für Praxis und Theorie der Schule einen externen Schulbuchausschuss oder einen institutseigenen Ausschuss mit der Begutachtung beauftragt oder aber ein Gutachterverfahren anordnet, bei dem zwei voneinander unabhängige, fachkundige Gutachter die Eignung des Schulbuches bewerten. Kommen sie zu widersprüchlichen Ergebnissen wird ein drittes Gutachten eingeholt.

Auch in Mecklenburg-Vorpommern wird zwischen förmlichem und nicht-förmlichen Prüfverfahren unterschieden, wobei letzteres unter denselben Voraussetzungen wie in Schleswig-Holstein durchgeführt wird. Ansonsten durchläuft das Schulbuch ebenfalls das förmliches Prüfverfahren.

Ausdrückliche Bestimmungen darüber, dass bei der Auswahl der Gutachter auf ihre Unparteilichkeit und Unabhängigkeit zu achten ist, um Interessenkonflikte auszuschließen, die beispielsweise dadurch entstehen könnten, dass ein Gutachter selbst Autor eines konkurrierenden Schulbuches ist, gibt es nur in Berlin, Brandenburg, Bremen, Nordrhein-Westfalen, Rheinland-Pfalz, Schleswig-Holstein und Thüringen. Genaue inhaltliche und formelle Anforderungen an die zu erstellenden Gutachten finden sich in den Landesregelungen von Bremen, Mecklenburg-Vorpommern, Nordrhein-Westfalen und Rheinland-Pfalz.

f) Zulassungskriterien

Den inhaltlichen Kern des Zulassungsverfahrens stellt die Eignungsprüfung des Lernmittels durch die dafür bestellten Gutachter dar. Der Kultusministerkonferenz-Beschluss nennt zwei grundlegende Auswahlkriterien, die in allen Bundesländern Eingang in die entsprechenden Landesregelungen gefunden haben: Zunächst darf ein Schulbuch nicht gegen allgemeine Verfassungsgrundsätze oder Rechtsvorschriften verstoßen. Dieses Kriterium soll als **Rechtsordnungskonformität** bezeichnet werden. Zweites Eignungskriterium ist die inhaltliche, methodische und didaktische Übereinstimmung mit den Anforderungen der Lehrpläne und Richtlinien. Dieser Auswahlgrundsatz wird im folgenden **Lehrplan- und Richtlinienkonformität** genannt. Über diese beiden Zulassungskriterien hinaus wurden in den einzelnen Landesbestimmungen weitere Kriterien entwickelt, anhand derer die Eignung eines Schulbuchs beurteilt wird. In fast allen Bundesländern erstreckt sich die Prüfung auch darauf, ob das Lernmittel inhaltlich und sprachlich altersgemäß aufbereitet ist. Ebenso durchgängig findet eine Überprüfung statt, ob das Schulbuch sich an gesicherten Erkenntnissen der Fachwissenschaft orientiert, es bei der Anschaffung Grundsätzen wirtschaftlicher Haushaltsführung genügt und mit den Erziehungszielen des jeweiligen Schulgesetzes übereinstimmt.

In Hamburg, Hessen und Sachsen-Anhalt wird die Eignung ausdrücklich davon abhängig gemacht, dass durch das Lernmittel kein rassen-, religions- oder geschlechtsdiskriminierendes Verständnis gefördert werden darf. In Thüringen, Nordrhein-Westfalen und Sachsen wird von einem Lernmittel verlangt, dass es Angebote zur positiven Identifikation mit der Rolle von Mann und Frau macht und damit ihre Gleichstellung verfolgt. Hierzu gibt es auch einen Kultusministerkonferenz-Beschluss vom 21.11.1986 (Nr. 491) über die Darstellung von Mann und Frau in Schulbüchern, der darauf hinweist, dass die Darstellung dem Verfassungsgebot des Art. 3 Abs. 1 GG entsprechen muss. Einseitig festgelegte Aufgabenzuteilungen sind danach zu vermeiden oder, wenn sie auftauchen, zu problematisieren.

Bayern und Nordrhein-Westfalen verlangen weiter, dass das zuzulassende Schulbuch keine Werbehinweise enthält. Im Saarland gilt ein Lernmittel als für den Gebrauch im Schulunterricht geeignet, wenn es in Baden-Württemberg,

Nordrhein-Westfalen und Rheinland-Pfalz bereits zugelassen ist, in diesen Bundesländern also eine Eignungsprüfung bereits durchgeführt und mit einer positiven Entscheidung zum Abschluss gebracht wurde. In Niedersachsen darf ein Schulbuch keinen Raum für Eintragungen des Schülers lassen, um, wie in Sachsen-Anhalt gefordert, die mehrfache Wiederverwendbarkeit des Schulbuchs zu gewährleisten.

Insgesamt ist festzustellen, dass sich die Kriterien für die Überprüfung der Eignung eines Lernmittels in wesentlichen Punkten entsprechen und nur in Nebenpunkten voneinander abweichen, so dass die Prüfungskriterien in den einzelnen Bundesländern als relativ einheitlich bezeichnet werden können.

g) Bekanntgabe und Veröffentlichung der Entscheidung

Der Kultusministerkonferenz-Beschluss trifft keine Regelung zur Veröffentlichung der Zulassungsentscheidung, bestimmt aber bezüglich der Bekanntgabe, dass die Ablehnung der Zulassung dem Antragsteller gegenüber zu begründen ist. Auf Wunsch werden dem Verlag die der Versagung der Genehmigung zugrunde liegenden Gutachten ohne Namensnennung, also anonymisiert, vollständig oder teilweise bekannt gegeben, falls er sich bereit erklärt, sie nicht zu veröffentlichen.

Regelungen über die Veröffentlichung einer erfolgten Genehmigung existieren in allen Bundesländern bis auf Hamburg und Schleswig-Holstein. Danach muss die Zulassung eines Lernmittels in der Regel jährlich im Amtsblatt des Kultusministeriums, einem Schulbuchkatalog oder -verzeichnis veröffentlicht werden. In Bayern wird die Wirksamkeit der Zulassung explizit an diese Veröffentlichung geknüpft. In einigen Bundesländern sind über Art und Umfang der Bekanntgabe der Entscheidung keine Regelungen getroffen worden, so dass hier allgemeine verwaltungsrechtliche Grundsätze Anwendung finden müssen. Dies ist in Bayern, Mecklenburg-Vorpommern, Saarland, Sachsen-Anhalt und Schleswig-Holstein der Fall. Die Regelungen in Baden-Württemberg und Sachsen beschränken sich darauf, eine schriftliche Entscheidung über den Zulassungsantrag zu fordern. In Bremen, Hessen, Niedersachsen und Nordrhein-Westfalen wird bei der Ablehnung eines Antrags auf Zulassung in jedem Fall ein mit Gründen versehener Bescheid verlangt. In Berlin, Brandenburg, Rheinland-Pfalz und Thüringen werden dem Antragsteller darüber hinaus die der Entscheidung zugrunde liegenden Gutachten in anonymisierter Form bekannt gegeben.

h) Nebenbestimmungen

Nr. 6 des Kultusministerkonferenz-Beschlusses Nr. 490 sieht vor, dass eine erteilte Genehmigung unter Widerrufsvorbehalt ergeht und der Widerruf insbesondere dann zulässig ist, wenn ein Schulbuch nicht mehr dem Stand der Forschung entspricht.

Regelungen über Nebenbestimmungen zu einer erteilten Lernmittelzulassung existieren in allen Bundesländern bis auf Hamburg und das Saarland. Automatisch unter Widerrufsvorbehalt steht die Genehmigung, so wie es auch der Kultusministerkonferenz-Beschluss vorsieht, in Bremen, Mecklenburg-Vorpommern, Nordrhein-Westfalen, Rheinland-Pfalz, Sachsen, Schleswig-Holstein und Thüringen. In Baden-Württemberg, Bayern, Hessen, Niedersachsen und Sachsen-Anhalt kann die Genehmigung unter Widerrufsvorbehalt ergehen, diese Entscheidung steht also im Ermessen der Behörde. Darüber hinaus ist in einigen Bundesländern die Befristung der Genehmigung vorgesehen. In Berlin, Brandenburg, Bremen, Mecklenburg-Vorpommern und Niedersachsen ergeht die Genehmigung befristet auf drei bis fünf Jahre und wird dann neu überprüft, um die Eignung auch nach Ablauf dieser Zeitspann zu garantieren und notfalls die Genehmigung mangels fortbestehender Eignung entziehen zu können. In Baden-Württemberg, Bayern, Brandenburg, Hessen, Niedersachsen, Nordrhein-Westfalen, Rheinland-Pfalz und Sachsen kann die Genehmigung unter Auflagen und Bedingungen ergehen beziehungsweise befristet werden.

i) Verfahrensdauer

Nach dem Kultusministerkonferenz-Beschluss soll die Durchführung des Zulassungsverfahrens eine Dauer von drei bis sechs Monaten in der Regel nicht übersteigen.

Landesbestimmungen zur Verfahrensdauer existieren nur in Berlin, Bremen, Nordrhein-Westfalen und Rheinland-Pfalz. Während die Prüfung in Berlin längstens drei Monate dauern soll, sind die zuständigen Stellen in Bremen und

Rheinland-Pfalz gehalten, das Verfahren in der Regel innerhalb von sechs Monaten zum Abschluss zu bringen, wobei in Rheinland-Pfalz ausdrücklich darauf hingewiesen wird, dass ein Rechtsanspruch auf Verfahrensdurchführung innerhalb dieses Zeitraums nicht besteht. Nordrhein-Westfalen beschränkt sich darauf, den schnellstmöglichen Verfahrensabschluss zu fordern, ohne dabei einen konkreten Zeitraum zu benennen.

j) Schulbucheinführung

Geeignete und damit für die Verwendung im Schulunterricht zugelassene Lernmittel werden in Schulbuchkatalogen oder -verzeichnissen veröffentlicht. Aus dieser Liste zugelassener Lernmittel muss nun ein Schulbuch ausgewählt werden, das an der jeweiligen Schule in einem bestimmten Unterrichtsfach eingeführt werden soll. Der Kultusministerkonferenz-Beschluss Nr. 490 trifft keine inhaltlichen Regelungen über das Einführungsverfahren, sondern bestimmt nur, dass es den Bundesländern offen steht, auf diesem Gebiet Regelungen zu treffen, die Gesichtspunkte der Wirtschaftlichkeit und Zweckmäßigkeit berücksichtigen. Das Verfahren der Einführung ist in den einzelnen Bundesländern bezüglich der Zuständigkeit und der Mitwirkungsrechte von Eltern und Schülern unterschiedlich geregelt.

aa) Zuständigkeit

In den meisten Bundesländern entscheidet die jeweilige Fachkonferenz über die Einführung eines bestimmten Schulbuches. Dies gilt in Baden-Württemberg[37], Berlin, Brandenburg[38], Hessen, Mecklenburg-Vorpommern, Rheinland-Pfalz und Thüringen. In den beiden letztgenannten Bundesländern muss die Entscheidung der Fachkonferenz im Einvernehmen mit der Schulkonferenz erfolgen. Eine entscheidende Rolle spielt die Fachkonferenz auch in den Bundesländern, in denen ein anderes Gremium aufgrund des Votums der Fachkonferenz über die Einführung eines Schulbuches entscheidet. In Niedersachsen und Sachsen-Anhalt ist das die Gesamtkonferenz, in Schleswig-Holstein die Schulleitung. Im

---

37   Für den Fall, dass keine Fachkonferenz existiert, entscheidet die Schulleitung.

38   Diese Zuständigkeit besteht nur für pauschal genehmigte Lernmittel, die Einführung von Lernmitteln, die der Einzelgenehmigung unterliegen, trifft die Schulkonferenz.

Saarland entscheidet die oberste Schulaufsichtsbehörde auf Antrag der Fach-beziehungsweise der Gesamtkonferenz einer Schule über die Einführung. In Bayern, Hamburg und Brandenburg[39] ist die Lehrerkonferenz für die Einführungsentscheidung zuständig, in Nordrhein-Westfalen die Schulkonferenz. Der einzelnen Lehrperson wird im Saarland die Verantwortung für die Einführungsentscheidung über nicht genehmigungspflichtige Schulbücher übertragen, in Rheinland-Pfalz obliegt dem Lehrer diese Entscheidung für den Fall, dass an der betreffenden Schule keine Fachkonferenz existiert.

bb) Mitwirkungsrechte von Eltern und Schülern

Mitwirkungs- und Beteiligungsrechte von Eltern und Schülern sind in den einzelnen Landesregelungen nur teilweise und in unterschiedlichem Umfang vorgesehen. Soweit sie überhaupt geregelt sind, reichen diese Befugnisse vom Recht zur Stellungnahme im Verfahren der Einführung selbst (Baden-Württemberg, Saarland) bis zu einem Recht des Landeselternbeirats, der Einführung eines Schulbuches zu widersprechen (Thüringen). Sachsen-Anhalt hat die Eltern- und Schülerrechte in seinem aktuellen Schulbucherlass deutlich gestärkt. Schuleltern- und Schülerrat haben ein Recht zur Stellungnahme im Einführungsverfahren. Lehnt der Schulelternrat die Einführung mit einer Zweidrittel-Mehrheit ab, entscheidet die Schulbehörde über die Einführung.

---

[39]   Dies gilt in Brandenburg nur für Lernmittel, die der Einzelgenehmigung unterliegen.

Anhang zu Teil B.: **Übersicht der einzelnen Landesregelungen zur Schulbuchzulassung**

Regelungs-grundlage	Umfang der Genehmigungspflicht[2]	Zuständigkeit	Antrag[3]	Gutachterliche Prüfung	Zulassungsvoraussetzungen	Bekanntgabe der Entscheidung	Nebenbestimmungen	Verfahrensdauer	Einführung
KMK KMK-Beschluss Nr. 490 vom 29.06.1972	● Grundsätzlich alle Schulbücher einschließlich veränderter Neuauflagen, Nr. 1 S. 1 Nr. 4. ○ Ausnahmen von der Genehmigungspflicht möglich für Textausgaben, Formelsammlungen u. ä., Nr. 1 S. 2.	Kultusministerium, (KM), Nr. 1 S. 1.	1. Inhalt: Angaben über Schulgattung Klassenstufe und Preis, Nr. 3 S. 1. 2. Form: 4 druckfertige Exemplare, keine Manuskripte, grundsätzlich keine Formelsammlungen u. ä., Nr. 3 S. 2, 3.	Nicht ausdrücklich geregelt, wird aber in Nr. 8 S. 2 vorausgesetzt.	Nr. 2 KMK-B: ■ Kein Verstoß gegen Verfassungsgrundsätze oder andere Rechtsvorschriften (Rechts-ordnungskonformität, ROK) ■ Inhaltliche, methodische und didaktische Übereinstimmung mit den Anforderungen der Lehrpläne und Richtlinien (Lehrplan- und Richtlinienkonformität, LPRK)	■ Es ergeht eine begründete Ablehnung an den Verlag, Nr. 8 S. 1. ■ Auf Wunsch anonymisierte Bekanntgabe der Gutachter an Verlag, Nr. 8 S. 2.	■ Genehmigung ergeht unter Widerrufsvorbehalt (WRV), Nr. 6 S. 1. ■ Widerrufsgrund insbesondere: Schulbuch entspricht nicht mehr dem Stand der Forschung, Nr. 6 S. 2.	In der Regel 3 - 6 Monate, Nr. 5.	■ Bundesländer sind ermächtigt bei Einführungsverfahren Grundsätze der Wirtschaftlichkeit und Zweckmäßigkeit zu entwickeln oder Einführung so zu regeln, daß Genehmigungserfordernis entfällt, Nr. 9.
BW SchbZV aufgrund § 35 a) SchulG (Einführung ist nicht geregelt in LMVO aufgrund § 94 II SchulG)	● Schulbücher und gleichgestellte Druckwerke, § 1 I. ○ Religionsbücher, § 1 II. ○ Schulbücher für Schulen für Seh-, Gehör- und Geistigbehinderte und in bestimmten Fächern an beruflichen Schulen, Berufsober- und Berufskolleg, § 3 I Nr. 1.-3. ○ Einzelne Druckwerke wie Ganzschriften, Textsammlungen, Wörterbücher u. a., § 3 I Nr. 4.-9. ○ Von Lehrern entwickelte Materialien, die den Voraussetzungen des § 4 I genügen, § 3 III.	KM auf Vorschlag des Landesinstitus für Erziehung und Unterricht (LIEU), § 5 I, VI.	1. Angaben über Schulart, -typ, Klassenstufe, Auflage, Preis, Versicherung, daß es sich um Endfassung handelt, § 5 II. 2. 5 druckfertige Exemplare, § 5 III. 3. Adressat: Nicht KM, sondern LIEU.	Nicht geregelt.	§ 35 a) SchulG, § 4 I SchbZV: ■ ROK und LPRK. ■ Altersgemäßheit von inhaltlicher Aufbereitung und sprachlicher Form. ■ Einbindung von Druckbild, graphische Gestaltung und Ausstattung in didaktische Zielsetzung. ■ Orientierung an gesicherten Erkenntnissen der Fachwissenschaft.	■ Schriftliche Entscheidung, § 6 I. ■ Mindestens jährliche Bekanntgabe zugelassener Schulbücher im Amtsblatt des KM, § 6 III.	Die Zulassung kann unter Bedingungen und Auflagen erteilt werden, § 6 I.	Nicht geregelt.	■ Zuständig ist Fachkonferenz, falls nicht existent die Schulleitung nach Anhörung der Fachlehrer, § 2 I LMVO. ■ Es gilt der Grundsatz der Wirtschaftlichkeit, § 2 II LMVO. ■ Mitwirkung Landeselternbeirat durch Stellungnahme, § 5 V.
BAY ZLV aufgrund §§ 51 II S.2 EUG, § 60 II Nr. 7 SchFG; Ausführungsvorschrift: Vollzugs-VwV, wird momentan überarbeitet.	● Schulbücher, Arbeitshefte und Arbeitsblätter einschließlich veränderter Neuauflagen, § 2 I, II. ○ Übrige Lernmittel iSd Art. 21 III S. 1 SchFG, § 6 ZLV: Schreib- und Zeichengegenstände, Wörterbücher, Lexika etc. nach Maßgabe des § 3 II. ○ Von Lehrern entwickelte Arbeitsblätter, die den Voraussetzungen des § 3 III genügen.	KM, § 8.	1. Schulart, Jahrgangsstufe, Fach u. a., § 9 III. 2. 2 Exemplare, druckfertig, als Druckfahnen oder Manuskript, § 10 I.	■ KM bestellt idR 2 Sachverständige, § 11 I. ■ Keine Regelungen über die Sachverständigenauswahl.	§ 51 I EUG, § 7 ZLV: ■ ROK und LPRK. ■ Beachtung pädagogischer Erkenntnisse, insbesondere methodische und didaktische Grundsätze, sowie für Schulart angemessene Auswahl, Anordnung, Darbietung und Umfang des Stoffes. ■ Schulbuch muss frei von nicht erforderlicher Werbung sein (Ausnahmen möglich).	■ Zulassungsentscheidung wird als Allgemeinverfügung im Bayerischen Staatsanzeiger bzw. im Amtsblatt des KM öffentlich bekanntgegeben, § 16 I S. 1. ■ Bekanntgabe ist Wirksamkeitsvoraussetzung für die Zulassung, § 16 I S. 2.	■ Zulassung kann bedingt oder befristet ergehen und unter WRV stehen, § 13. ■ Bekanntgabe von Rücknahme oder Widerruf gem. § 16 II.	Nicht geregelt.	■ Zuständig ist die Lehrerkonferenz oder der zuständige Ausschuss, Nr. 5 Vollzugs-VwV. ■ Es gilt der Grundsatz der Wirtschaftlichkeit, Nr. 5 Vollzugs-VwV.

[1] Alle nicht anders benannten §§ sind solche der unterstrichen dargestellten Regelungsgrundlage.

[2] ● kennzeichnet die Lernmittel für die eine Genehmigungspflicht besteht, ○ kennzeichnet die Lernmittel für die keine Genehmigungspflicht besteht.

[3] Unter 1. finden sich die Angaben zum notwendigen Inhalt des Antrags, unter 2. finden sich die Angaben zu formalen Anforderungen an den Antrag.

BER AV-Lernmittel (Verwaltungsvorschrift) aufgrund §§ 59 S. 1, 18 II SchulG	● Schulbücher iSd I. Nr. 2., Unterrichtseinheiten, II A. Nr. 1. ○ Wörterbücher, Lexika, bestimmte Kursmaterialien, Textsammlungen, Arbeitshefte, Aufgabensammlungen für Deutsch, Fremdsprachen, Mathematik, naturwissenschaftliche Fächer, Grammatiken etc., II. A. Nr. 4.	Senatorium für Schulwesen, Jugend und Sport, II. A. 3.; II. B. 13.	1. Übliche Angaben (s. o.), zusätzlich Erläuterungen der Gutachter über die fachliche, pädagogische und didaktische Konzeption, II. B. Nr. 4, 2. 4 Exemplare, II. B. 1.	Vorsitzender des Prüfungsbeirats bestellt 2 sachverständige Mitglieder als Gutachter, II. B. 8 (1). Gutachter dürfen nicht Schulbuchautoren o. Verlagsmitarbeiter sein und müssen unabhängig voneinander die Eignung des Schulbuchs prüfen, II. B. 8 (2).	II. B. 9.: ▪ ROK und LPRK. ▪ Wissenschaftliche Zuverlässigkeit. ▪ Didaktische Anlage und Auswahl und methodische Darbietung des Stoffes. ▪ Angemessene innere und äußere Ausstattung. ▪ Angemessener Preis.	Es ergeht Bescheid an Antragsteller mit beigefügtem Gutachten, II. B. 13. Bekanntgabe der Zulassung im Amtsblatt, II. B. 16.	Zulassung ergeht befristet auf 5 Jahre, II. B. 15.	Verfahren soll nicht länger als 3 Monate dauern, II. B. 7.	Zuständig für die Auswahl ist Fachkonferenz, § 21 IV Nr. 3 SchulverfG.
BRA LernMV aufgrund §§ 14 IV, 111 II, III SchulG	● Schulbücher und Druckwerke gem. § 11 S. 2 Nr. 1., 2. bedürfen der Pauschal- oder Einzelgenehmigung, § 3: – PauschalGen.: Arbeitshefte, Lektüren, Lexika, Lernsoftware etc. sind pauschal zugelassen, § 4 LernMV – EinzelGen.: übrige Lernmittel ○ Gegenstände iSd § 11 S. 2 Nr. 3. ○ Von Lehrern entwickelte Lernmittel und geeignete Einzelhefte, § 5 III LernMV.	KM, §§ 7 I, 8 II.	1. Übliche Angaben (s. o.), § 7 IX. 2. 4 Exemplare für die Fächer Erdkunde, Geschichte, LER, Politik in Primarstufe u. Sek. I, § 7 II.	KM beauftragt idR 3 Gutachter, die unbefangen sein und unabhängig voneinander prüfen müssen, § 7 XV-XVII. Vereinfachte Einzelgenehmigung ist die Regel (Anzeigepflicht des Verlags). Einzelprüfung ist die Ausnahme.	§ 14 III SchulG: ▪ Muss den methodischen und didaktischen Grundsätzen genügen. ▪ Sachliche Richtigkeit. ▪ Keine Förderung eines geschlechts-, rassen- oder religionsdiskriminierenden Verständnisses. ▪ Genügt Wirtschaftlichkeitsgrundsätzen.	Es ergeht Bescheid über Zulassung an Verlag mit beigefügten, anonymisierten Gutachten, § 8 II. Bekanntgabe der zugelassenen Lernmittel im Schulbuchkatalog, der im Amtsblatt des KM erscheint, § 3 II.	Zulassung ergeht befristet auf 5 Jahre, § 8 V. Sie kann unter Auflagen ergehen, § 8 V.	Nicht geregelt.	▪ Grundsätzlich ist die Schule zuständig, § 24 II SchulG. ▪ Bei PauschalGen. entscheidet die Fachkonferenz, § 41. ▪ Es gilt der Grundsatz der Wirtschaftlichkeit, § 2 I.
BRE RZvl (Verwaltungsvorschrift) Ermächtigungsgrundlage nicht angegeben.	● Lernbücher iSd Nr. 1.1: Arbeitshefte, Lesebücher, Atlanten, Liederbücher etc. ○ Übrige Druckerzeugnisse iSd Nr. 1.2: Gesetzestexte, -sammlungen, Lektüren, Formelsammlungen. ○ Lernbücher für die gymnasiale Oberstufe und für berufliche Schulen, Nr. 1.2 c), d).	Landesinstitut für Schule (LIS), Nr. 1.1	1. Übliche Angaben (s. o.), Nr. 2.1. 2. 5 Exemplare im Fertigdruck, Nr. 2.1.	Bildung von Gutachterausschüssen für die einzelnen Fächer, die jeweils aus 3 Gutachtern bestehen, Nr. 5.1. (Mit-) Verfasser eines Lernmittels dürfen nicht am prüfenden Lernmittel beteiligt sein, Nr. 5.2.	Nr. 6 RZvl.: ▪ ROK und LPRK. ▪ Beachtung des derzeitigen Standes der erziehungs- und fachwissenschaftlichen Forschung. ▪ Vereinbarkeit mit Bestimmungen des Bremischen Schulgesetzes. ▪ Sprache, Aufbau, Ausstattung und Gestaltung des Lernmittels. ▪ Angemessener Preis.	Bei Ablehnung ergeht ein begründeter Bescheid an den Antragsteller, Nr. 7.1.	Zulassung ergeht unter WRV. Nr. 7.2. Sie ist zunächst auf 5 Jahre befristet, Nr. 7.2.	Verfahren soll nicht länger idR nicht länger als 6 Monate dauern, Nr. 3.	Nicht geregelt.
HH § 9 SchulG (Zulassungsverfahren offiziell abgeschafft, § 9 regelt die Einführung von Lernmitteln)	Nicht geregelt.	Nicht geregelt.	Nicht geregelt.	Nicht geregelt.	§ 9 SchulG: ▪ ROK und LPRK. ▪ Beachtung wissenschaftlicher, methodischer und didaktischer Anforderungen. ▪ Keine Förderung eines geschlechts-, religions- oder rassendiskriminierenden Verständnisses. ▪ Angemessener Preis.	Nicht geregelt.	Nicht geregelt.	Nicht geregelt.	Zuständig ist die Lehrerkonferenz iRd Haushaltsmittel und der Beschlüsse der Schulkonferenz zu deren Verteilung, § 9 II.

HE SchbZVO aufgrund §§ 10 V. 1851 SchulG	● Schulbücher i.e.S. gem. § 2 a) an allgemeinbildenden und Schulen für Erwachsene, beruflichen Schulen in einzeln genannten Fächern, § 3 I. ● Schulbücher, Fibeln und sonstige Schriften in allen anderen Fächern werden von der Schulleitung zugelassen, § 3 II, III. ○ Wörterbücher, Nachschlagewerke, Lexika etc., § 3 IV.	■ KM für die Fächer des § 3 I, § 10 II. ■ Sonst: Schulleitung, § 10 II SchulG	1. Übliche Angaben (s. o.), § 4 II 2, 3. 2. 5 Exemplare idR als Endfassungen, § 4 II 2, III 1.	KM bestellt 2 Sachverständige, § 5 II.	§ 10 II S. 3 SchulG iVm § 5 III: ■ ROK und LPRK. ■ Beachtung pädagogischer Anforderungen, insbesondere methodische und didaktische Grundsätze. ■ Keine Förderung eines geschlechts-, religions- oder rassendiskriminierenden Verhaltens. ■ Einführung ist nach Grundsätzen wirtschaftlicher Haushaltsführung gerechtfertigt.	■ Es ergeht ein schriftlicher, begründeter Bescheid an den Antragsteller, § 5 IV. ■ Jährliche Veröffentlichung der zugelassenen Lernmittel im Schulbuchkatalog, § 7 I.	Die Zulassung kann befristet und jederzeit widerrufen werden, & 5 IV.	Nicht geregelt.	■ Zuständig ist die Fachkonferenz im Rahmen der Haushaltsmittel und der Beschlüsse der Gesamtkonferenz über deren Verteilung, § 10 IV SchulG.
M-V Schbkat (Runderlass) aufgrund § 10 SchulG.	○ Alle Schulbücher iSd Nr. 1. ○ Bibeln, Liederbücher, Nachschlagewerke etc., Nr. 5. ○ Schulbücher für unterschiedliche Fächer an allgemeinbildenden und beruflichen Schulen, Nr. 6.	KM, Nr. 3.	Nicht geregelt.	■ Keine Bestimmungen zur Gutachterbestellung. ■ Anforderung an Inhalt und Form des Gutachtens sind im Merkblatt „Verfahren und Kriterien für die Schulbuchzulassung" aufgeführt, das den Gutachtern ausgehändigt wird.	§ 10 I S. 2 SchulG: ■ ROK und LPRK. ■ Beachtung der pädagogischen und fachlichen Erkenntnisse des entsprechenden Bildungsgang und die jeweilige Jahrgangsstufe. ■ Einführung muss nach Grundsätzen wirtschaftlicher Haushaltsführung gerechtfertigt sein.	Jährliche Veröffentlichung der zugelassenen Schulbücher durch Erlaß im Ministerialblatt des KM, Nr. 7.	■ Zulassung steht unter WRV, Nr. 3. ■ Sie ist auf 5 Jahre befristet, Nr. 3.	Nicht geregelt.	■ Zuständig ist die Fachkonferenz, § 10 III SchulG.
NDS SchbErl (Runderlass) Ermächtigungsgrundlage nicht angegeben.	● Schulbücher iSd Nr. 1. (Nr. 2.1) ○ Tabellenwerke, Formelsammlungen, Grammatiken, Lektüren etc., Nr. 5. ○ Schulbücher in Schulen für Geistigbehinderte bzw. körperlich Behinderte, Lernsoftware, Nr. 5.	Nr. 4.1, 4.4: Nds. Landesinstitut für Fort- und Weiterbildung im Schulwesen u. Medienpädagogig (NLI).	1. Übliche Angaben (s. o.), Nr. 4.1. 2. 4 Exemplare, auch Typoskripte in endgültiger Fassung, Nr. 4.1, 4.3.	In Fächern, die das Erziehungsrecht der Eltern besonders berühren (Religion, Werte u. Normen etc.) werden idR 2 Gutachter bestellt, Nr. 4.5.	§ 29 SchulG, Nr. 3 SchbErl: ■ ROK und LPRK. ■ Beachtung des Bildungsauftrags der Schule gem. § 2 SchulG. ■ Beachtung der gesicherten Erkenntnisse der fachlichen und pädagogischen Forschung. ■ Altersgemäße Stoffaufbereitung. ■ Kein Raum für Eintragungen des Schülers. ■ Angemessener Preis.	■ Bekanntgabe an Antragsteller ist Wirksamkeitsvoraussetzung der Zulassung, Nr. 4.8.1 ■ Jährliche Veröffentlichung der zugelassenen Schulbücher im Schulbuchverzeichnis, Nr. 6	■ Zulassung kann widerrufen werden und ist auf längstens 6 Jahre befristet, Nr. 4.6, 4.8. ■ Zulassung kann unter Auflagen und Bedingungen ergehen, Nr. 4.6.	Nicht geregelt.	Es entscheidet die Gesamtkonferenz auf Vorschlag der jeweiligen Fachkonferenz bzw. Fachbereichskonferenz, 7.1. ■ Einführungsgrundsätze: 7.4. ■ Beteiligung von Eltern und Schülern, 7.1-7.3.

NRW SchbrdE (Runderlass) aufgrund § 4 LPG	1. Druckerzeugnisse ● Grundsätzlich alle Lernmittel, A 1.1: – Durch Globalgenehmigung bei Lernmitteldaten, die im Jahresverzeichnis der global genehmigten Lernmittel veröffentlicht werden, A 3. – Durch Einzelgenehmigung in allen übrigen Fällen, A 4. ○ Von Lehrern entwickelte Materialien, A 1.1. ○ Einzeltexte, die nur kurzfristig im Unterricht verwendet werden, A 1.2. 2. Software ● Grundsätzlich jede Software, falls nicht ausnahmsweise von Genehmigungspflicht befreit, A 2.2. ○ Genehmigungsfreie Software iSd A 2.1.	KM, B 6.4.	1. Übliche Angaben (s. o.), C 1.6. 2. Exemplare idR als vollständige Manuskripte oder Andrucke, C 1.1.	KM bestimmt unbefangene Gutachter, B 3. Kriterien für die Begutachtung, B 5.	B 5. SchbrdE: ■ ROK und LPRK. ■ Altersgemäßheit des Lernmittels. ■ Berücksichtigung des sozialen Umfelds der Schüler, Wahrung des Schulfriedens und Ausgewogenheit des Unterrichts. ■ Berücksichtigung der Grundsätze zur Gleichstellung von Mann und Frau. ■ Berücksichtigung didaktischer und methodischer Grundsätze. ■ Zielgruppengemäße Aufbereitung. ■ Fehlen von Werbung. ■ Angemessene Ausstattung und Preis.	■ Entscheidung und Gutachten werden an Verlag zugestellt, B 6.2. ■ Jährliche Veröffentlichung des Verzeichnisses der genehmigten Lernmittel als Bestandteil des Heftes 1006 der Schriftenreihe des KM, A 4. II.	■ Zulassung ergeht unter WRV, C 4.1. Zulassung kann befristet werden und unter Auflagen ergehen, B 6.4.	Unverbindliche Zusage; das Verfahren schnellstmöglich durchzuführen, C 1.9.	Nicht geregelt.
RhPf SchbVwV (Verwaltungsvorschrift) aufgrund § 84 II Nr. 4, IV SchulG fehlt	● Schulbücher für allgemeinbildende und berufliche Schulen für bestimmte Fächer in unterschiedlichem Umfang, Nr. 1.2. ○ Schulbücher in Fächern, die in Nr. 1.2 für die jeweilige Schulart nicht ausdrücklich genannt werden.	KM, Nr. 2.11.	1. Übliche Angaben (s. o.), Nr. 2.5.1 - 2.5.4. 2. 5 Exemplare in druckfertiger Ausgabe, Nr. 2.7, 2.8.	KM bestellt idR 3 Gutachter, Nr. 2.10. Formelle Kriterien für die Gutachterstellung, Nr. 4.3.	Nr. 4. SchbVwV: ■ ROK und LPRK. ■ Altersgemäßheit von Inhalt und Sprache. ■ Beachtung von Grundsätzen der Wirtschaftlichkeit.	■ Bekanntgabe der Entscheidung an den Verlag, bei Ablehnung mit Gründen und anonymisierter Bekanntgabe der Gutachten, Nr. 2.12. ■ Veröffentlichung der genehmigten Schulbücher im Amtsblatt des KM, Nr. 3.1.	■ Zulassung ergeht unter WRV, 2.13. Zulassung kann unter Auflagen erteilt werden, Nr. 2.13.	Das Verfahren soll idR innerhalb von 6 Monaten durchgeführt werden, Nr. 2.9.	■ Zuständig ist die jeweilige Fachkonferenz der Schule im Einvernehmen mit der Gesamtkonferenz; falls eine Fachkonferenz nicht besteht, entscheidet die Lehrkraft, Nr. 5.1. ■ Für die Klassen 1-10 ist der Schulbuchausschuss zuständig, Nr. 5.2.
SAA SchbVO aufgrund § 4 I LPG, § 17 a) SchuG	● Grundsätzlich alle Schulbücher iSd § 2 (§ 1). ○ Tabellenwerke, Wörterbücher, Aufgabensammlungen, Lektüren, Schulfunk- und Begleitmaterial zu Schulfernsehsendungen und diese selbst, § 3 IV	KM (ergibt sich aus § 3 II 3).	Nicht geregelt.	Nicht geregelt.	§ 17 a) II SchulG, § 3 I, II SchbVO: ■ ROK und LPRK. ■ Altersangemessenheit von Inhalt und Sprache. ■ Beachtung pädagogischer Erkenntnisse, insbesondere methodischer und didaktischer Grundsätze. ■ Erfolgte Zulassung in BW, NRW oder RhPf.	Jährliche Veröffentlichung der zugelassenen Schulbücher im Schulbuchverzeichnis, § 6 I.	Nicht geregelt.	Nicht geregelt.	■ Zuständig ist die oberste Schulaufsichtsbehörde auf Antrag der Fach- bzw. Gesamtkonferenz unter Beteiligung von Schüler- und Elternvertretern durch Stellungnahme, § 5 I-III. Über die Einführung eines nicht zulassungspflichtigen Schulbuchs entscheidet der Fachlehrer, § 5 IV.

Sach <u>SchbZVO</u> aufgrund § 60 1 SchulG	● Schulbücher iSd§ 2, (§ 1 SchbZVO) ● Schulbücher für Schulen für Seh-, Gehör- und Geistigbehinderte, bestimmte Unterrichtsfächer an berufsbildenden Schulen, § 3 I 1., 2. ○ Arbeitshefte, die zugelassenen Schulbücher ergänzen, § 3 I 3. ○ Ganzschriften, Wörterbücher etc., § 3 I 4. ○ Von Lehrern entwickelte Materialien, § 3 IV	Staatsinstitut für Bildung und Schulentwicklung, § 5 I.	1. Übliche Angaben (s. o.), § 5 I. 2. 1 Fertigdruck und 1 Manuskript, das bestimmten Voraussetzungen genügen muss, § 5 II	Nicht geregelt.	§ 60 II SchulG, § 4 I: ■ ROK und LPRK. ■ Angemessene didaktische Aufbereitung. ■ Angebot positiver Identifikationsmöglichkeiten für Mädchen und Jungen. ■ Orientierung an gesicherten Erkenntnissen der Fachwissenschaft. ■ Vereinbarkeit mit wirtschaftlicher Haushaltsführung.	■ Die Zulassung bedarf der Schriftform. § 61 ■ Veröffentlichung der zugelassenen Schulbücher im Amtsblatt des KM als Allgemeinverfügung, § 7 I	■ Zulassung ergeht unter WRV, § 6 II ■ Zulassung kann unter Auflagen und Bedingungen ergehen, § 6 I, 1., 2.	Nicht geregelt.	Nicht geregelt.
S-Anh <u>SchbdE</u> (Runderlass) aufgrund §§ 10 a) I, 72 SchulG.	● Grundsatz: Vereinfachte Zulassung für Schulbücher in Grundschulen und Sek. I, Nr. 1. ● Einzelzulassung nach gutachterlicher Prüfung; auch bei vereinfachter Zulassung, wenn Stichprobe Anlass dazu gibt oder pädagogische Bedenken bestehen, Nr. 7.5, 9.1. ○ Schulbücher für Primarstufe und Sek. I, für bestimmte Fächer (Musik, Kunst etc.), an Schulen für Seh-, Gehör- und Geistigbehinderte und Abendsekundarschulen, Nr. 1.2 a)-c). ○ Alle Schulbücher für die Sek. II.	1. Vereinfachte Zulassung/ Einzelzulassung: Landesinstitut für Lehrerfortbildung, -weiterbildung und Unterrichtsforschung (LISA) 2. Nicht zulassungspflichtige Schulbücher prüft die Schulleitung selbst, I.2. S. 2.	Bei vereinfachter Zulassung: 1. Übliche Angaben 2. Schulbuchverlage reichen 2 Exemplare nach eigener Prüfung vor und versichern, dass Eignungskriterien eingehalten wurden, keine gutachterliche Prüfung. Bei Einzelzulassung muss der Verlag 2 weitere Exemplare nachreichen.	Einzelzulassung nach gutachterlicher Prüfung, 2 Gutachter werden bestellt, Nr. 9.2, 13. Ansonsten keine Eingangsprüfung durch LISA. Anforderungen an Gutachter : fachliche und persönliche Eignung, I. 13.	§§ 10 a) I SchulG, Nr. 6. SchbRdE: ■ Keine diskriminierende Darstellung einzelner Bevölkerungsgruppen, Männer und Frauen und anderer Länder, Kulturen und Religionen. ■ Orientierung an gesicherten Erkenntnissen der Fachwissenschaft. ■ Altersgemäße Gestaltung. ■ Mehrfache Wiederverwendbarkeit. ■ Vereinbarkeit mit wirtschaftlicher Haushaltsführung.	Veröffentlichung aller gemeldeten Schulbücher im Schulbuchverzeichnis, Nr. 5. Mit der Veröffentlichung gilt das Schulbuch als zugelassen, Nr. 7.5.	■ Vereinfachte Zulassung kann widerrufen werden, Nr. 10. ■ Vereinfachte Zulassung ist auf 6 Jahre befristet, Nr. 8. S. 1.	Nicht geregelt.	■ Schule führt nicht zulassungspflichtige Schulbücher selbständig ein, Nr. 2 S. 2, § 10 a) II SchulG. ■ Schule führt Schulbücher, die im Schulbuchverzeichnis veröffentlicht wurden, ein.
SHS <u>SchulO</u> aufgrund §§ 111 II, 122 II SchulG	● Schulbücher für allgemeinbildende und berufliche Schulen für bestimmte Fächer in unterschiedlichem Umfang, § 4 I. ○ Gesangbücher, Text- und Formelsammlungen, Arbeitshefte, § 1 II. ○ Von Lehrern entwickelte Materialien, § 1 II. ○ Andere Lernmittel iSd § 9.	KM nach Prüfung durch Landesinstitut für Praxis und Theorie der Schule (ITPS), § 5 I.	1. Übliche Angaben (s. o.), § 5 I. 2. 4 Exemplare, auch in Manuskriptform, § 5 II.	1. Nicht-förmliches Prüfverfahren, § 5 IV: Unwesentliche Neubearbeitungen Zugelassen in anderen Bundesländern Von KMK zur Zulassung empfohlen, § 6; 2. Förmliches Prüfverfahren, § 6: In allen übrigen Fällen Durch Schulbuchausschuss ODER Durch ITPS-Ausschuss ODER Im Gutachterverfahren, § 6 III.	§ 122 II SchulG, § 2: ■ ROK und LPRK. ■ Altersgemäßer Inhalt und sprachliche Form. ■ Übereinstimmung mit Erziehungszielen des SchulG. ■ Orientierung an pädagogischen Erkenntnissen. ■ Vereinbarkeit mit wirtschaftlicher Haushaltsführung.	Jährliche Veröffentlichung im Katalog der in SHS zugelassenen Schulbücher.	Zulassung ergeht unter WRV und ist auf 3 Jahre befristet, § 7 I.	Nicht geregelt.	Zuständig ist die Schulleitung auf Vorschlag der Fachkonferenz, § 83 III SchulG, §§ 3 I, 9.

THÜ									
LLVO aufgrund § 60 S. 1 Nr. 7, S. 2 SchulG	● Schulbücher an allgemeinbildenden Schulen in allen Fächern, § 4 II. ● Schulbücher an berufsbildenden Schulen in bestimmten Fächern, § 4 II. ○ Alle übrigen Lernmittel, § 4 II S. 3.	KM, §§ 4 I, 10 I.	1. Übliche Angaben (s. o.), § 8 I. 2. 5 Exemplare, zusätzlich pädagogische und fachliche Konzeption, § 8 II.	■ KM bestellt unbefangene Lehrer als Gutachter, § 9 I, II. ■ Bei durch die KMK geprüften Schulbüchern und bei nur leicht veränderten Neuauflagen entfällt die Begutachtung, § 9 III.	§ 43 II SchulG, § 7 LLVO: ■ ROK und LPRK. ■ Übereinstimmung mit Erziehungszielen des SchulG. ■ Orientierung an gesicherten Erkenntnissen der Fachwissenschaft und der Pädagogik. ■ Positive Identifikationsmöglichkeiten unter Berücksichtigung der gleichwertigen und partnerschaftlichen Lebensgestaltung von Männern und Frauen. ■ Altersangemessenheit von pädagogischem Konzept und Sprache. ■ Angemessener Preis.	■ Ablehnung der Zulassung ist zu begründen, §§ 8, 10 I. ■ Gutachten werden anonymisiert bekanntgegeben, § 9. ■ Jährliche Veröffentlichung zugelassener Lernmittel im Schulbuchkatalog, § 11.	Zulassung ergibt unter WRV, § 10 II.	Nicht geregelt.	■ Zuständig ist die Fachkonferenz im Benehmen mit der Schulkonferenz, § 12. ■ Grundsätze der Wirtschaftlichkeit müssen beachtet werden, § 12.

C. Verfassungsrechtliche Zulässigkeit von Schulbuchzulassungs- und Schulbucheinführungsverfahren im Hinblick auf mögliche Grundrechtsverletzungen der Betroffenen

Durch das Schulbuchzulassungsverfahren könnten Grundrechte der von diesem Verfahren Betroffenen verletzt werden. In Betracht kommen Grundrechte des Verlegers und des Autors des zuzulassenden Schulbuchs. Auch in Bezug auf Schüler, Eltern und Lehrer hat das Zulassungsverfahren Auswirkungen, so dass die mögliche Verletzung ihres grundrechtlich geschützten Lebensbereichs ebenfalls zu untersuchen ist.

I. Verlag

Da jedes Schulbuch vor seiner Verwendung in der Schule staatlich geprüft und genehmigt sein muss, kann der Verleger eines Schulbuches nur diese zugelassenen Schulbücher in größeren Mengen auf dem Markt absetzen. Denn Hauptabnehmer von Lernmitteln sind die staatlichen Schulen, die ein Schulbuch im Rahmen der Lernmittelfreiheit anschaffen und den Schülern leihweise zur Verfügung stellen. Ein nicht zugelassenes Schulbuch kann zwar auch in den Handel gebracht werden, hat aber aufgrund der fehlenden Zulassung praktisch keine Chance, gekauft zu werden. Es ist davon auszugehen, dass die Zielgruppe der Käufer auf dem freien Markt aus Eltern und Schülern, möglicherweise auch aus interessierten Lehrern besteht. Da ein nicht zugelassenes Schulbuch zur Unterrichtsgestaltung jedoch nicht verwendet werden darf, werden Eltern in der Regel neben dem Schulbuch, das in der Schule ihres Kindes verwendet wird, nicht noch ein zweites oder drittes, anders strukturiertes Lernmittel erwerben. Falls nach den einzelnen landesrechtlichen Bestimmungen Elternzuschüsse zu leisten sind, werden davon die Lernmittel angeschafft, die in der Schule verwendet werden. Jede andere Kaufentscheidung muss aus Sicht der Eltern und auch der Lehrer wirtschaftlich unsinnig erscheinen. Wegen dieser mangelnden Absatzchance eines nicht zugelassenen Schulbuches könnte das Lernmittelzulassungsverfahren Grundrechte des Verlags unzulässig einschränken.

Die Grundrechtsprüfung erfolgt in drei Schritten: Zunächst stellt sich die Frage, ob die Verlagstätigkeit in den **Schutzbereich** des jeweiligen Grundrechts fällt. Diese Frage stellt sich einmal im Hinblick auf den persönlichen Schutzbereich[40]. Hier ist zu prüfen, welche Rechtssubjekte Träger des Grundrechts, also grundrechtsberechtigt sind und sich darauf berufen können. Daneben ist der sachliche Schutzbereich des Grundrechts zu ermitteln. Hier geht es um den geschützten Lebensbereich, das geschützte Verhalten. Fällt der zu würdigende Sachverhalt in den persönlichen und sachlichen Schutzbereich des Grundrechts, ist weiter zu prüfen, ob ein staatlicher **Eingriff** in den Schutzbereich vorliegt. Ob dieser Eingriff das Grundrecht zulässig beschränkt und damit rechtmäßig erfolgt oder als rechtswidrig beurteilt werden muss, hängt davon ab, ob er **verfassungsrechtlich gerechtfertigt** ist. Grundrechte sind in unterschiedlichem Umfang einschränkbar. In welchem Umfang Eingriffe zulässig sind, hängt davon ab, ob sie unter einem Gesetzesvorbehalt stehen, der einfach oder auch qualifiziert sein kann. Darüber hinaus gibt es Grundrechte, die vorbehaltlos gewährleistet werden, zum Beispiel die Glaubens- und Bekenntnisfreiheit des Art. 4 Abs. 1 GG. Hier sind nur Eingriffe aufgrund sogenannter immanenter Schranken oder kollidierenden Verfassungsrechts denkbar.[41] Die Prüfung der Einschränkbarkeit eines Grundrechts soll als **Schranken-Prüfung** bezeichnet werden. Darauf, dass diese Schranken selbst nur in gewissen, ebenfalls verfassungsrechtlich bestimmten Grenzen bestehen, die Beschränkbarkeit eines Grundrechts durch staatliche Eingriffe also selbst wieder Schranken unterliegt, muss in der Prüfung der sogenannten **Schranken-Schranken** eingegangen werden, die die Grundrechtsprüfung abschließt. Zunächst kommt eine Verletzung des Grundrechts der Pressefreiheit in Betracht.

---

[40]   Mathy, Presserecht, S. 30 spricht hier von subjektivem Schutzbereich.

[41]   Pieroth/Schlink, Grundrechte, Rz 257 ff.

1. Verletzung der Pressefreiheit durch das Schulbuchzulassungsverfahren

a) Schutzbereich

aa) Persönlicher Schutzbereich

Nach dem Wortlaut von Art. 5 Abs. 1 S. 2 1. HS kann jedermann das Grundrecht der Pressefreiheit in Anspruch nehmen. Im Unterschied zu Grundrechten wie zum Beispiel Art. 12 Abs. 1 GG, der nur deutschen Staatsangehörigen im Sinne von Art. 116 Abs. 1 GG Grundrechtsschutz gewährt, handelt es sich bei der Pressefreiheit um ein Menschenrecht.[42]

Grundrechtsträger sind „alle im Pressewesen tätigen Personen und Unternehmen".[43] Dies ist in erster Linie der Verleger als natürliche Person. Der Verleger von Druckerzeugnissen ist Inhaber und Herr des Presseunternehmens, der ein umfassendes Direktionsrecht gegenüber der Redaktion hat und damit die Lenkungsfunktion ausübt; er trifft die erforderlichen betriebswirtschaftlichen Entscheidungen, hat einen bestimmenden Einfluss auf die grundsätzliche Richtung des Druckwerks und wird daher als einer der wichtigsten Träger der Pressefreiheit angesehen.[44] Bei dem Verleger kann es sich auch um eine juristische Person des Privatrechts (z. B. Aktiengesellschaft) oder um eine nicht rechtsfähige privatrechtliche Personenvereinigung (z. B. Gesellschaft bürgerlichen Rechts) handeln. [45]

Der Verlag umfasst die Planung, Organisation und Leitung des Pressebetriebes als Wirtschaftsunternehmen.[46] Art. 5 Abs. 1 GG ist gemäß Art. 19 Abs. 3 GG seinem Wesen nach auf inländische juristische Personen des Privatrechts und auch auf nicht rechtsfähige Personenvereinigungen anwendbar.[47] Der Verleger als natürliche oder juristische Person des Privatrechts bzw. nicht rechtsfähige

---

[42] Degenhart in: BK, Art. 5 Abs. 1, 2, Rz 551.

[43] BVerfGE 20, 162 (175).

[44] Schneider, S. 46; Rebe, S. 50; Groth, Unerkannte Kulturmacht Band 3, S. 391 ff.

[45] Als Beispiele für die unterschiedlichen Rechtsformen von Schulbuchverlagen seien hier genannt: Verlag Langenscheid KG/München, Verlag Schöningh GmbH/Paderborn, Quelle & Meyer Verlag GmbH & Co./Wiebelsheim.

[46] Rebe, S. 50, Groth, Unerkannte Kulturmacht Band 3, S. 3 ff.

[47] BVerfGE 20, 162 (171); Starck in: von Mangoldt/Klein/Starck, GGK I, Art. 5, Abs. 1, 2, Rz 167-169.

Personenvereinigung fällt damit in den persönlichen Schutzbereich des Art. 5 Abs. 1 S. 2 1. HS GG.

bb) Sachlicher Schutzbereich

Zunächst ist die Bedeutung des Begriffs „Presse" in Art. 5 Abs. 1 S. 2, 1. HS zu klären, um feststellen zu können, ob Schulbücher Schutzobjekte der Pressefreiheit sind.

Die Auffassungen über das Verständnis von „Presse" gehen auseinander. Unterschiedliche Ansichten bestehen grundsätzlich im Hinblick auf eine extensive oder restriktive Auslegung des Pressebegriffes. Kernfrage ist hier zunächst, ob nur periodisch erscheinende Druckerzeugnisse wie Zeitungen, Zeitschriften und Magazine als klassische Erscheinungen der Presse oder darüber hinaus auch Druckerzeugnisse wie Bücher und Plakate, die nicht in regelmäßigen Abständen erscheinen, von der Pressefreiheit umfasst werden. Ob Schulbücher unter den Pressebegriff fallen, hängt von dieser Auslegungsfrage ab, auf die daher ausführlich eingegangen werden soll.

Neben der Frage der Einbeziehung von nicht periodisch erscheinenden Druckwerken in den Pressebegriff ist daneben auch entscheidend, ob nur formale oder auch materielle, inhaltliche Kriterien unter den Pressebegriff fallen.

aaa) Bücher als Schutzobjekte der Pressefreiheit

Bei weiter Auslegung des Begriffs sind unter Presse, in Anlehnung an die Definitionen in den einzelnen Landespressegesetzen, alle zur Verbreitung geeigneten und bestimmten Druckerzeugnisse, die nicht unter die Film- und Rundfunkfreiheit des Art. 5 Abs. 1 S. 2, 2. und 3. Alt. GG fallen, zu verstehen.[48] Nach dieser Auffassung fallen neben Zeitschriften, Zeitungen und Magazinen auch Bücher, Plakate, wissenschaftliche Publikationen und sonstige Drucke unter den Begriff der „Presse".

Bei restriktiver Auslegung fallen gerade diese Schriften aus dem Pressebegriff heraus. Hiernach beschränkt sich die Presse auf periodisch erscheinende

---

[48] Herrschende Meinung: Wendt in: von Münch/Kunig, GGK I, Art. 5 Rz 30; Herzog in: MDHS, GG, Art. 5, Abs. I, II, Rz 129 ff.; Starck in: von Mangold/Klein/Starck, GGK I, Art. 5 Abs. 1, 2, Rz 59; Löffler/Ricker, Presserecht, 6. Kap., Rz 6; Pieroth/Schlink, Grundrechte, Rz 567; Siehe auch BVerfGE 95, 28 (35 f.) mit weiteren Nachweisen.

Schriften, also ausschließlich Zeitungen, Zeitschriften und Magazine.[49] Begründet wird dieses enge Verständnis mit dem üblichen Sprachgebrauch. Unter Presse würden danach allgemein nur Zeitungen und Zeitschriften verstanden.[50] Auch die grammatikalische Interpretation des Begriffes spreche für diese enge Auslegung, da Art. 5 Abs. 1 S. 2, 1. HS GG neben der Presse den Film und den Rundfunk als Schutzobjekte nenne und sich aus diesem Nebeneinander ergebe, dass nur Massenkommunikationsmittel erfasst werden sollten.[51] Gerade die Universalität und Aktualität der genannten Medien, die nur durch regelmäßige, periodische Unterrichtung des Publikums gewährleistet werden könne, unterscheide Zeitungen und Zeitschriften von Büchern, deren Funktion jedenfalls nicht in der Vermittlung des Tagesgeschehens liege. Bücher und andere nicht periodisch erscheinende Druckerzeugnisse würden daher nicht durch Art. 5 Abs. 1 S. 2 1. HS GG, sondern durch die in Art. 5 Abs. 1 S. 1 GG normierte Meinungsfreiheit geschützt.[52]

Diese Argumente überzeugen jedoch nicht.

Was die wörtliche und umgangssprachliche Bedeutung des Pressebegriffes angeht, ist folgendes zu sagen: Die ursprüngliche und damit älteste Bedeutung des Begriffes „Presse" im 12. Jahrhundert, die sich aus dem Lateinischen pressa („Druck, Zwang") ableitet, ist die der Wein- oder Obstpresse.[53] Anfang des 16. Jahrhunderts erfasste der Pressebegriff im Deutschen und Französischen auch die Buchdruckerpresse, im 18. Jahrhundert war damit die Gesamtheit der Druckerzeugnisse gemeint.[54] Erst ab Mitte des 19. Jahrhunderts wurde „Presse" mehr und mehr als Bezeichnung für die Gesamtheit von Zeitungen und Zeitschriften, also das gesamte Zeitungswesen, gebräuchlich.[55] Die Bedeutung des Pressebegriffes hat sich damit im Laufe der Zeit gewandelt; dieser wird heute in einem engeren Sinne verwendet. Inwieweit kann nun diese moderne Begriffs-

---

[49] Siehe hierzu grundlegend aus publizistischer Sicht: Groth, Unerkannte Kulturmacht Band 1, S. 102 (106 ff.)

[50] Schneider, S. 58; Kemper, S. 30, Rebe, S. 22.

[51] Schneider, S. 58; Kemper, S. 30; Rebe S. 21, der dies unter systematischer Auslegung untersucht.

[52] Schneider S. 56 f.

[53] Kluge, Etymologisches Wörterbuch der deutschen Sprache, S. 646.

[54] Duden, Band 7, S. 548 f.; Pfeifer, Etymologisches Lexikon der Deutschen, S. 1316.

[55] Kluge, Etymologisches Wörterbuch der deutschen Sprache, S. 646.

verwendung im allgemeinen Sprachgebrauch ausschlaggebend für das juristische Verständnis des Begriffes sein?

Das Grundgesetz stellt in Art. 5 Abs. 1 S. 2, 1. HS GG die Presse unter grundrechtlichen Schutz vor Eingriffen des Staates. Der Pressebegriff wird damit Merkmal eines juristischen Tatbestandes, er ist insoweit ein Rechtsbegriff. Bei der Frage nach der Bedeutung eines solchen Rechtsbegriffs, also bei seiner juristischen Auslegung, kommt es gerade über seine Verwendung im allgemeinen Sprachgebrauch hinaus darauf an, durch die genaue und tiefergehende Begriffsanalyse seine wahre Bedeutung zu ergründen. Der aktuelle Sprachgebrauch ist deshalb für sich genommen nicht geeignet, als Auslegungsargument zu dienen. Auf ein anderes Beispiel übertragen hieße das, dass die zivilrechtlichen Rechtsbegriffe Eigentum und Besitz wegen ihrer meist synonymen Verwendung im allgemeinen Sprachgebrauch auch im Rechtsverkehr bedeutungsidentisch zu verwenden wären, was mit den differenzierenden Bestimmungen des Sachenrechts im Bürgerlichen Gesetzbuch allerdings nicht zu vereinbaren wäre.

Eine einheitliche Verwendung des Pressebegriffes in den einzelnen Länderverfassungen und den Landespressegesetzen, aus denen man Rückschlüsse auf seine Reichweite ziehen könnte, gibt es nicht. Auch den Regelungen des Reichspressegesetzes lag kein einheitlicher Pressebegriff zugrunde, so dass die Heranziehung dieser gesetzlichen Regelungen keine weiterführende Auslegungshilfe darstellt. Daher soll nun das gesetzessystematische Argument, die Presse sei neben Film und Rundfunk durch Art. 5 Abs. 1 S. 2, 1. HS GG nur in ihrer wesentlichen Funktion als Massenkommunikationsmittel – also in Form von periodisch erscheinenden Zeitungen und Zeitschriften – geschützt, untersucht werden. Als entscheidendes Kriterium, welches das Medium „Presse" zu einem durch Art. 5 Abs. 1 S. 2, 1. HS GG grundrechtlich geschützten Massenmedium mache, wird seine periodische Erscheinungsweise genannt, die Druckwerken wie Büchern, Plakaten und Flugblättern unzweifelhaft fehlt. Der als Argument angeführte Vergleich von Presse und Film führt allerdings zu einem anderen Ergebnis als dem von der Mindermeinung zur Untermauerung ihrer restriktiven Auslegung intendierten: Der Film dient als Medium zur bildlichen und akustischen Vermittlung verschiedenster Inhalte.[56] Es kann sich um einen

---

[56] Herzog in: MDHS, GG, Art. 5, Abs. I, II, Rz 198.

dokumentarischen Film oder eine ganze Sendereihe handeln. Genauso ist damit
der klassische Kino- oder Fernsehfilm gemeint. Daneben gibt es viele andere,
unterschiedliche filmische Darstellungsformen, die hier nicht erschöpfend aufgezählt werden können. Diese Filme werden in der Regel nicht periodisch ge-
sendet, auf das fehlende Merkmal der Periodizität des Films weist *Schneider*
auch explizit hin.[57] Der soeben erwähnte „klassische" Kinofilm ist bei näherem
Hinsehen nichts anderes als ein in Bilder umgesetztes Buch. Zum Massenkommunikationsmittel wird es nur durch die Größe seines Publikums. Hier haben
Film und Buch gemeinsam, dass sie von Fall zu Fall ein unterschiedliches Publikum erreichen. Es gibt Filme, die mit niedrigem Budget nur für die Vorfüh-
rung in wenigen Programmkinos produziert werden, wo sie möglicherweise
nach einer Woche Laufzeit mangels Publikumsinteresses aus dem Spielplan genommen werden müssen. Ein Massenpublikum wird hier nicht erreicht. Auch
ein Buch kann als „Ladenhüter" enden, es gibt aber auch Bücher mit Millionen-
auflage.

Filme und Bücher erreichen gleichermaßen ein unbestimmt großes Publikum
und befassen sich, anders als Zeitungen, nicht unbedingt mit der periodischen
Unterrichtung über das Tagesgeschehen. Zum Massenkommunikationsmittel
werden sie allein durch die Anzahl ihrer Konsumenten. Der Vergleich zwischen
Film und Presse als Schutzgütern des gleichen Grundrechts spricht deshalb eher
für die Einbeziehung nicht periodisch erscheinender Druckwerke als dagegen.[58]

Dabei steht außer Frage, dass Bücher und Periodika unterschiedliche Funktio-
nen haben. Gemeinsam ist ihnen aber jedenfalls, dass sie zur Veröffentlichung
geeignet und bestimmt sein müssen. Die diesbezüglichen Zweifel des *Bundesverwaltungsgerichts*[59], das die Frage der Einbeziehung von Schulbüchern in den
Schutzbereich der Pressefreiheit offen gelassen hat, können nicht geteilt werden. Dem Gericht zufolge ist die Qualität eines Schulbuchs als Schutzobjekt der
Pressefreiheit deshalb fraglich, weil es nach seinem Verwendungszweck nicht
für die **allgemeine Verbreitung bestimmt** sei. Die ungewisse Größe des Leser-
kreises kann hier aber mangels notwendiger Konkretheit nicht als entscheiden-

---

[57] Schneider, S. 64.

[58] Siehe dazu auch BVerfGE 85, 1 (3), in der Flugblätter als Presseerzeugnisse angesehen
      werden.

[59] BVerwG, JR 1973, 436 (437).

des Abgrenzungskriterium dienen. Einen begrenzten Adressatenkreis kann es genauso gut bei Zeitungen und Zeitschriften geben, die sich mit Themen befassen, die nur einen kleinen Teil der Bevölkerung interessiert und die deshalb in sehr geringer Auflage erscheinen (Schülerzeitung, Spartenzeitschriften). Wichtig ist allein, dass der öffentliche Zugang möglich ist.[60]

Zudem sei angemerkt, dass sich die Vertreter des restriktiven Pressebegriffs vor das Problem gestellt sehen, dass von der Definition der „periodischen" Erscheinungsweise abhängt, welche Zeitungen und Zeitschriften Grundrechtsschutz in Anspruch nehmen können. Müssen Zeitungen oder Zeitschriften wöchentlich, monatlich, halbjährlich, jährlich oder im Abstand von mehreren Jahren erscheinen, um als Periodika zu gelten? Im Sinne eines möglichst effektiven und umfassenden Grundrechtsschutzes und der notwendigen Rechtssicherheit kann es aber auf die Beantwortung dieser Frage nicht ankommen.

bbb) Formaler und materieller Pressebegriff

Neben dem Streit über die Einbeziehung von nicht periodisch erscheinenden Schriften in den Pressebegriff waren sich Literatur und Rechtsprechung lange Zeit nicht darüber einig, ob der Pressebegriff formal oder materiell auszulegen ist. Inzwischen herrscht dahingehende Einigkeit, dass dem formalen Presseverständnis der Vorzug zu geben ist. Das heißt, dass der Pressebegriff allein an die Herstellungs- und Vervielfältigungsmethoden anknüpft. Inhaltliche Kriterien für die Definition von „Presse" sind hingegen ungeeignet, da sie auf subjektive Bewertungen wie „wertvoll" oder „wertlos" hinausliefen, die ein zensurähnliches Ausscheiden bestimmter Druckerzeugnisse schon auf der Schutzbereichsebene ermöglichen würde.[61] Alle mittels eines Druckverfahrens hergestellten Schriften, also Erzeugnisse von Vervielfältigungsmethoden, deren Merkmal es ist, dass Gedankeninhalte durch optische Eindrücke vermittelt werden[62], sind danach ohne Ansehen ihres Inhalts geschützt.

---

60 Siehe hierzu Pauli, S. 30.

61 Mathy, Presserecht, S. 32; Wendt in: von Münch/Kunig, GGK I, Art. 5, Rz 31; Herzog in: MDHS, GG, Art. 5, Abs. I, II, Rz 128; jetzt auch von Starck in: Mangoldt/ Klein/Starck, GGK I, Art. 5 Abs. 1, 2, Rz 60, die damit ihre gegenteilige Auffassung in den Vorauflagen korrigieren; BVerfGE 95, 28 (35).

62 Scheuner, VVDStRL Heft 22, 1 (66).

ccc) Umfang der Gewährleistung

Der Grundrechtsschutz muss, um effektiv zu sein, den gesamten Prozess des Presseschaffens umfassen. Daher sind alle wesensmäßig mit der Pressearbeit zusammenhängenden Tätigkeiten von der Beschaffung der Information bis zur Verbreitung in der Öffentlichkeit geschützt.[63] Dabei ist das Merkmal der Verbreitung weit auszulegen. Voraussetzung ist, dass Erzeugnisse für die allgemeine Verbreitung bestimmt sind, also für jedermann im Rahmen der allgemeinen Gesetze zugänglich gemacht werden. Unerheblich ist dabei, ob das Produkt nur für einen kleinen, speziellen Interessentenkreis oder für die Masse gedacht ist.[64]

Aus den vorstehenden Überlegungen ergibt sich daher, dass die Verbreitung von Schulbüchern durch den Verleger in den persönlichen und sachlichen Schutzbereich der Pressefreiheit des Art. 5 Abs. 1 S. 2, 1. HS GG fällt.

b) Eingriff

In den Schutzbereich der Presse(verbreitungs-)freiheit müsste durch ein staatliches Verhalten eingegriffen worden sein. Der moderne Eingriffsbegriff erfasst „jedes staatliche Handeln, das dem einzelnen ein Verhalten, das in den Schutzbereich eines Grundrechtes fällt, unmöglich macht; dabei spielt es keine Rolle, ob diese Wirkung final oder unbeabsichtigt, unmittelbar oder mittelbar, rechtlich oder tatsächlich, mit oder ohne Befehl oder Zwang erfolgt".[65] Die Wirkung muss aber von einem ursächlichen und zurechenbaren Verhalten der öffentlichen Gewalt ausgehen.[66]

Ein solcher Eingriff in die Pressefreiheit der Verlage könnte in dem staatlichen Zulassungsverfahren liegen. Da nur die in einem staatlichen Zulassungsverfahren für geeignet befundenen Lernmittel an der Schule eingeführt und verwendet werden dürfen, hat die Ablehnung eines Antrags auf die Erteilung dieser Zulassung für den antragstellenden Verlag weitreichende Bedeutung: Ein Schulbuch,

---

63 Wendt in: von Münch/Kunig, GGK I, Art. 5, Rz 33, BVerfGE 10, 118 (121); 12, 205 (260); 20, (176).
64 Pauli, S. 30.
65 Pieroth/Schlink, Grundrechte, Rz 240 mit weiteren Nachweisen.
66 BVerfGE 66, 39 (60).

dem die Zulassung verweigert wird, wird von Haushaltsmitteln der Länder, die zur Verwirklichung der Lernmittelfreiheit zur Verfügung gestellt werden, nicht zur Verwendung in der Schule angeschafft. Der Hauptabnehmer des Schulbuchs ist dem Verlag durch eine ablehnende Zulassungsentscheidung damit verloren gegangen. Es besteht zwar die Möglichkeit, das abgelehnte Buch in den Buchhandel zu bringen und auf dem freien Markt zum Kauf anzubieten. Dort Abnehmer zu finden, wird aber in aller Regel – wie schon zuvor dargelegt – schwierig sein. Die realen Verkaufserwartungen sind deshalb verschwindend gering und unter wirtschaftlichen Aspekten in keiner Hinsicht lohnenswert.

In der Vergangenheit wurde ein grundrechtsrelevanter Eingriff in den Schutzbereich der Pressefreiheit durch die Ablehnungsentscheidung im Zulassungsverfahren von der Rechtsprechung verneint.[67] Vor allem wurde angeführt, dass die Verbreitungsfreiheit durch eine ablehnende Entscheidung unberührt bleibe: das betreffende Schulbuch könne weiter verlegt und vertrieben werden, nur die Anschaffung aus staatlichen Mitteln für den Schulgebrauch sei nicht mehr möglich.[68] Es handele sich daher lediglich um eine wirtschaftliche Beeinträchtigung durch die Beschränkung der Gewinnerzielung auf dem Hauptmarkt. Allerdings könne jeder Interessent das Buch kaufen, sogar die Verwendung in der Schule sei möglich, wenn die Anschaffung aus privaten Mitteln erfolge.

Bei dieser Argumentation werden allerdings mehrere Aspekte des Problems nicht ausreichend berücksichtigt. Dass der Verwendung auch in der Schule keine Hindernisse entgegen stehen, solange die Bücher aus privaten Mitteln angeschafft werden, ist nach der heutigen Rechtslage in den einzelnen Bundesländern sachlich falsch. Die Verwendung eines Schulbuchs setzt seine vorhergehende Genehmigung durch den Kultusminister zwingend voraus.[69] Denn Sinn und Zweck des Zulassungsverfahrens ist es, Schulbücher, die zur Verwendung im Unterricht als nicht geeignet angesehen werden, vom Unterrichtsgebrauch auszuschließen. Diese Folge einer negativen Zulassungsentscheidung ist also das gesetzgeberische Ziel des Verfahrens. Eine ablehnende Entscheidung hat

---

[67] VGH Kassel, RdJ 74, 48 ff.; im Anschluss daran BVerwG, JR 73, 436 ff.

[68] VGH Kassel, RdJ 74, 48 (49)

[69] In den einzelnen Bundesländern wird die Genehmigungspflicht allerdings zum Teil auf bestimmte Schularten oder Klassen- beziehungsweise Jahrgangsstufen eingeschränkt, siehe dazu oben Teil B. III. 5. b) cc) der Arbeit.

aber darüber hinausgehend die mittelbare Folge, dass die Chancen seiner Verbreitung auf dem freien Buchmarkt verschwindend gering sind, so dass ein abgelehntes Buch letztlich keine realen Verkaufschancen hat. Ein Verweis darauf, dass ein abgelehntes Buch, abgesehen von seinem Verkauf an öffentlichen Schulen, ungehindert verbreitet werden kann, wird dieser Problematik nicht gerecht, denn die Nichtzulassung wirkt sich auch auf die Frage seiner Verkaufschancen auf dem freien Markt aus.[70] Denn im Unterschied zu anderen Bereichen besteht hier eine Sondersituation: Die staatlichen Schulen sind Hauptabnehmer von Schulbüchern. Ein Schulbuch wird ausschließlich für seine Verwendung in der Schule entwickelt. Dabei muss es sich an den Rahmenrichtlinien und Lehrplänen orientieren und wird daher von Bundesland zu Bundesland unterschiedlich konzipiert. Die negative Zulassungsentscheidung bewirkt daher nicht einen Ausschluss von einem von vielen möglichen Märkten, sondern von dem einzig relevanten Markt. Sie entscheidet also darüber, ob es wirtschaftlich überhaupt möglich ist, ein Buch zu vertreiben oder nicht. Insoweit ist die ungehinderte Verbreitung über den Schulbereich hinaus auch in dem verbleibenden freien Buchmarkt faktisch unmöglich. Ob diese Folge gewollt oder ungewollt ist, spielt keine Rolle. Jedenfalls wird dadurch in die Verbreitungsfreiheit eingegriffen.

Das gilt auch für die Genehmigungspraxis in Hamburg. Laut § 9 des Hamburgischen Schulgesetzes beurteilt dort die Schule selbständig die Eignung eines Schulbuchs und trifft eine eigene Entscheidung über die Einführung, ohne dass dieser Entscheidung ein schulbehördliches Schulbuchzulassungsverfahren vorgelagert wäre. Die Einführungsentscheidung erfolgt jedoch aufgrund sogenannter Vorschlagslisten, die der Kultussenator herausgibt. Diese Listen stellen Empfehlungen für die Anschaffung geeigneter Schulbücher dar, welche die Schulen de facto wie eine Zulassungsliste benutzen. Der Entscheidung über die Einführung und Anschaffung geht also auch in Hamburg eine schulbehördliche Vorauswahl voraus, die dem Zulassungsverfahren der anderen Bundesländer so ähnlich ist, dass auch das „Hamburger Modell" der Grundrechtsbindung unterliegt.[71]

---

[70] Siehe zum Begriff der Folgewirkung und zu faktischen Grundrechtsbeeinträchtigungen allgemein Gallwas, S. 13 ff.

[71] Siehe dazu Bryde, Gutachten, S. 28 f.

Eine als Abschluss des Zulassungsverfahrens ergehende ablehnende Zulassungsentscheidung des Verlegers stellt daher einen Eingriff in den Schutzbereich der Pressefreiheit des Verlegers dar.

c) Verfassungsrechtliche Rechtfertigung

Nicht jeder Eingriff in den Schutzbereich eines Grundrechts verletzt den betroffenen Grundrechtsträger unzulässig. Bewegt er sich im Rahmen der vom Grundgesetz selbst getroffenen Einschränkungsmöglichkeiten, handelt es sich nicht um einen rechtswidrigen Eingriff; dieser ist vielmehr verfassungsrechtlich gerechtfertigt und damit rechtmäßig. Zunächst stellt sich also die Frage, inwieweit das Grundrecht der Pressefreiheit beschränkbar ist.

aa) Schranken - Prüfung

aaa) Der Gesetzesvorbehalt des Art. 5 Abs. 2 GG

Die Grundrechte des Art. 5 Abs. 1 GG sind nicht schrankenlos gewährleistet. Der in Art. 5 Abs. 2 GG normierte qualifizierte Gesetzesvorbehalt bestimmt, dass die Grundrechte des Absatzes 1, also auch die Pressefreiheit, ihre Schranken in den Vorschriften der allgemeinen Gesetze, den gesetzlichen Bestimmungen zum Schutze der Jugend und in dem Recht der persönlichen Ehre finden. In diesem Rahmen kann die Pressefreiheit beschränkt werden.

bbb) Kollidierendes Verfassungsrecht als Grundrechtsschranke?

Die Beschränkbarkeit des Grundrechts könnte sich neben Art. 5 Abs. 2 GG auch aus anderen Verfassungsbestimmungen ergeben. Art. 7 Abs. 1 GG könnte als mit der Pressefreiheit kollidierendes Verfassungsrecht eine weitere Grundrechtsschranke darstellen. In Art. 7 Abs. 1 GG ist geregelt, dass die Schule unter der Aufsicht des Staates steht. Es handelt sich um eine institutionelle Vorschrift, die unmittelbar geltendes Verfassungsrecht darstellt; sie beinhaltet auch die Gewährleistung und institutionelle Garantie der Funktionstüchtigkeit der Schule und damit das grundsätzliche Recht des Staates, Lerninhalte für den Unterricht festzulegen.[72] Dieses Recht könnte als kollidierendes Verfassungsrecht die verlegerische Pressefreiheit begrenzen und einschränken.

---

[72] Maunz in: MDHS, GG, Art. 7, Rz 3.

Der bei der Kollision von Grundrechten mit sonstigem Verfassungsrecht (im Unterschied zu anderen Grundrechten) auftretende Konflikt liegt darin, dass gegenläufige Interessen verschiedener Rechtsträger aufeinandertreffen, wodurch die ungehinderte Rechtsausübung der Beteiligten nicht mehr möglich ist. Kollidierendes Verfassungsrecht und Grundrechte begrenzen sich gegenseitig, damit stellt das kollidierende Verfassungsrecht eine Grundrechtsschranke dar.[73] Die sich in diesen Fällen gegenüberstehenden Interessen der beteiligten Rechtsträger versucht das *Bundesverfassungsgericht* durch eine Güter- und Interessenabwägung im Einzelfall so weit wie möglich zu „versöhnen" und einen möglichst umfassenden Interessenausgleich zu erreichen, der auf dem Grundsatz der Einheit der Verfassung und der Wertordnung des Grundgesetzes basiert.[74] Grundrechtsbegrenzung durch kollidierendes Verfassungsrecht ist insoweit Herstellung von „praktischer Konkordanz"[75].

Die Einschränkbarkeit eines Grundrechts durch kollidierendes Verfassungsrecht wird vorrangig diskutiert, wenn es um die Beschränkung von vorbehaltlos gewährleisteten Grundrechten geht, da der Gesetzgeber im Normtext selbst keine Möglichkeit der Einschränkung des Grundrechts eingeräumt hat und ein Rückgriff auf kollidierendes Verfassungsrecht die einzig denkbare Grundrechtsschranke darstellt. Fraglich ist daher, ob der Anwendungsbereich dieser Schranke auf Grundrechte ohne Gesetzesvorbehalt begrenzt ist oder darüber hinaus auch für Grundrechte gilt, die wie Art. 5 Abs. 1 GG einen eigenen Gesetzesvorbehalt haben.

In älteren Urteilen, in denen sich Gerichte mit der Frage beschäftigt haben, ob das Schulbuchzulassungsverfahren gegen das Grundrecht des Verlegers auf Pressefreiheit verstößt, wird häufig auf den Vorrang der staatlichen Schulhoheit aus Art. 7 Abs. 1 GG abgestellt.[76] Darüber hinaus geht das *Bundesverwaltungs-*

---

[73] Kritisch hierzu, insbesondere auch an der abzulehnenden Auffassung, kollidierendes Verfassungsrecht stelle keine eingriffsrechtfertigende Schranke dar, sondern sei als Schutzbereichsbegrenzung zu verstehen, siehe Pieroth/Schlink, Grundrechte, Rz 325 ff.; Sachs in: Sachs, GG, Vor. Art. 1, Rz 99.

[74] Siehe dazu u. a. BVerfGE 28, 243 (261); 30,, 173 (193, 195); 33, 52 (70 f.); 51, 324 (346); 66, 116 (136); 72, 122 (137).

[75] BVerfGE 28, 243 (261); 30, 173 (193); 41, 29 (51); 47, 327 (369 f.); 77, 240 (255); Sachs in: Sachs, GG, Vor. Art. 1, Rz 98; Hesse, Verfassungsrecht, Rz 317 f.

[76] VGH Kassel, RdJ 1974, 48 (49 f.); BVerwG, JR 1973, 436 (437)

gericht in der zitierten Entscheidung auch auf den qualifizierten Gesetzesvorbehalt des Art. 5 Abs. 2 GG ein, indem es die landesrechtlichen Vorschriften über das Schulbuchzulassungsverfahren als allgemeine Gesetze im Sinne der Vorschrift ansieht, da sie sich weder gegen die Betätigung des Grundrechts als solches noch gegen eine bestimmte Meinung wendeten, sondern den Schutz eines geordneten öffentlichen Schulwesens als Gemeinschaftswert dienten.[77] Die Rechtsprechung zieht also einmal Art. 7 Abs. 1 GG als eigenständige Schranke der Pressefreiheit heran. Soweit das *Bundesverwaltungsgericht* die Bestimmungen über das Schulbuchzulassungsverfahren auch anhand des qualifizierten Gesetzesvorbehalts des Art. 5 Abs. 2 GG prüft, wird nicht deutlich, in welchem Verhältnis die Schranken zueinander stehen sollen. Möglicherweise geht das Gericht davon aus, dass beide Schranken nebeneinander gelten.

Bryde spricht als einziger Autor die Schrankenproblematik an und bemerkt dazu, dass die Beantwortung der Frage, welche Schranken zur Rechtfertigung des Schutzbereichseingriffs herangezogen werden müssten, äußerst schwierig sei.[78] Die Heranziehung von Art. 5 Abs. 2 GG als Schranke sei problematisch, da es sich bei den Regelungen über das Schulbuchzulassungsverfahren um allgemeine Gesetze handeln müsse, was er bei den Bestimmungen, die inhaltliche Voraussetzungen an die Schulbuchgenehmigung knüpfen, für fraglich hält. Diese Frage könne letztendlich aber offen bleiben: Da Art. 7 Abs. 1 GG die Funktionstüchtigkeit der Schule selbständig unter Schutz stelle, komme es entscheidend nur darauf an, ob die Pressefreiheit durch das Schulbuchzulassungsverfahren aufgrund von Art. 7 Abs. 1 GG rechtmäßig eingeschränkt werden könne. Dabei sei es gleichgültig, ob Art. 7 Abs. 1 GG eine eigene, selbständige Schranke darstelle oder inhaltlich in Art. 5 Abs. 2 GG als Auslegungsgrundlage hineingelesen werde.[79]

Genau das ist aber nicht gleichgültig, wenn man zu einer systematisch wie inhaltlich einwandfreien Lösung kommen will. Für die Lösung des Problems ist es hilfreich, sich an dieser Stelle an die Ausgangsfrage zurückzuerinnern, ob kollidierendes Verfassungsrecht überhaupt Grundrechte, die selbst schon einen Gesetzesvorbehalt enthalten, einschränken kann. Ist dies nicht der Fall, könnte

---

[77] BVerwG, JR 1973, 436 (437)
[78] Bryde, Gutachten, S. 29 f.
[79] Bryde, Gutachten, S. 30.

Art. 7 Abs. 1 GG nicht als eigenständige Schranke neben Art. 5 Abs. 2 GG herangezogen werden. Teilweise wird vertreten, dass kollidierendes Verfassungsrecht als verfassungsunmittelbare Schranke auch Grundrechte mit Gesetzesvorbehalt einschränken kann, da andernfalls vorbehaltlos gewährleistete Grundrechte stärker relativiert werden könnten als die nur mit Vorbehalt garantierten Grundrechte.[80] Hier wird also mit einem Erst-Recht-Schluß die Geltung der ungeschriebenen sogenannten verfassungsimmanenten Schranken bejaht. Dagegen wenden sich *Pieroth/Schlink.* Sie meinen, für diese Grundrechte habe der Gesetzgeber mögliche Kollisionsgefahren gesehen, Eingriffsmöglichkeiten für erforderlich gehalten und entsprechende Gesetzesvorbehalte geschaffen. Raum für Überlegungen, die eine weitere Einschränkung aufgrund von kollidierendem Verfassungsrecht betreffen, gebe es daher nicht.[81] Dieser Ansicht ist zu folgen.

Der Rückgriff auf kollidierendes Verfassungsrecht als Grundlage für Grundrechtseinschränkungen ist ausschließlich bei vorbehaltlos gewährleisteten Grundrechten möglich. Denn nur dort besteht die Notwendigkeit, dem Prinzip der Einheit der Verfassung folgend, nach Beschränkungsmöglichkeiten außerhalb des Grundrechts selbst zu suchen. Würde man im vorliegenden Fall den Eingriff in die Pressefreiheit des Verlages nur anhand von Art. 7 Abs. 1 GG als Schranke prüfen, würden zudem die Anforderungen, die Art. 5 Abs. 2 S. 1 GG an die Eingriffsbestimmungen stellt (insbesondere die Allgemeinheit der Gesetze), nicht berücksichtigt werden. Natürlich spielt Art. 7 Abs. 1 GG insoweit in die Prüfung des qualifizierten Gesetzesvorbehalts in Art. 5 Abs. 2 S. 1 GG hinein, als er zumindest bei Anwendung der sogenannten Wechselwirkungslehre Berücksichtigung finden muss. Eine eigenständige Schranke, auf die sich das in die Pressefreiheit einwirkende Schulbuchzulassungsverfahren stützen könnte, stellt er jedoch nicht dar.

Das Grundrecht der Pressefreiheit ist grundsätzlich nicht durch Art. 7 I als kollidierendes Verfassungsrecht beschränkbar. Maßstab für die verfassungsrechtli-

---

[80]   Jarass/Pieroth, GG, Vorb. vor Art. 1, Rz 45/47; ebenso Lerche in: Isensee/Kirchhoff, HdbStR V, § 122, Rz 23; BVerfGE 66, 116 (136); BVerwGE 87, 37 (45); siehe zur Kritik an dieser Entscheidung: Schoch, DVBl. 1991, 667 ff.

[81]   Pieroth/Schlink, Grundrechte, Rz 331; im Ergebnis ebenso Dreier in: Dreier, GG, Vorb., Rz 88 f.

che Rechtfertigung ist allein der qualifizierte Gesetzesvorbehalt des Art. 5 Abs. 2 S. 1 GG.

ccc) Genügen die Regelungen über das Schulbuchzulassungsverfahren dem qualifizierten Gesetzesvorbehalt des Art. 5 Abs. 2 GG?

Art. 5 Abs. 2 GG benennt, neben den Bestimmungen zum Ehr- und Jugendschutz, die „allgemeinen Gesetze" als Schranke der Grundrechte des Art. 5 Abs. 1 GG.

Die Frage, was inhaltlich unter allgemeinen Gesetzen im Sinne dieser Vorschrift zu verstehen ist, hat Forschung und Rechtsprechung seit der Zeit der Weimarer Republik immer wieder beschäftigt, so dass die Literatur zu diesem Thema inzwischen nahezu unübersehbar geworden ist. Grundlage der Begriffsauslegung war zunächst Art. 118 Abs. 1 S. 1 Weimarer Reichsverfassung, der die allgemeinen Gesetze als einzige Schranke der Meinungsfreiheit normierte. Nach der damals herrschenden Lehre ist ein Gesetz „allgemein", wenn es kein Sonderrecht gegen die Meinungsfreiheit enthält und sich nur wegen einer bestimmten Zielrichtung einer grundsätzlich erlaubten Handlung gegen diese richtet und sie verbietet oder sonst beschränkt.[82] Diese Sonderrechtslehre wurde teilweise dahingehend modifiziert, dass nur solche Gesetze als allgemein anzusehen seien, „die dem Schutz eines schlechthin, ohne Rücksicht auf eine bestimmte Meinung zu schützenden Rechtsgutes dienen."[83] Schließlich stellte eine dritte Ansicht darauf ab, dass allgemeine Gesetze ein gesellschaftliches Gut schützen müssten, das höherrangig als die Meinungsfreiheit sei.[84] Im Gegensatz zur Sonderrechtslehre wird hier weniger auf formelle als auf materielle Anforderungen abgestellt.

Das Verständnis der allgemeinen Gesetze im Sinne des Art. 5 Abs. 2 GG wurde auch nach Verabschiedung des Grundgesetzes von der Auslegung des Art. 118 Abs. 1 S. 1 Weimarer Reichsverfassung geprägt. Im Lüth-Urteil des *Bundesverfassungsgerichts* aus dem Jahre 1958, das sich zum ersten Mal mit der grundgesetzlichen Problematik der allgemeinen Gesetze befasste, wird deutlich, dass das Gericht die bis dahin vertretenen Auffassungen kombiniert, so dass alle

---

[82] Schmidt-Jortzig in: Isensee/Kirchhof, HdbStR VI, § 141, Rz 41; RG JW 1930, 268 f.

[83] Rothenbücher, VVDStRL Heft 4 (1928), S. 20.

[84] Smend, VVDStRL Heft 4 (1928), S. 52.

Voraussetzungen, die die oben dargestellten einzelnen Ansichten an ein allgemeines Gesetz knüpfen, kumulativ vorliegen müssen, damit ein Gesetz als allgemein angesehen werden kann. Danach sind allgemeine Gesetze alle Gesetze, die „nicht eine Meinung als solche verbieten, die sich nicht gegen die Äußerung der Meinung als solche richten, die vielmehr dem Schutz eines schlechthin, ohne Rücksicht auf eine bestimmte Meinung, zu schützenden Rechtsguts dienen, dem Schutze eines Gemeinschaftswerts, der gegenüber der Betätigung der Meinungsfreiheit den Vorrang hat"[85].

Einschränkend bestimmt das *Bundesverfassungsgericht* weiter, dass nicht jedes allgemeine Gesetz im Sinne dieser Definition grundrechtseinschränkend wirkt, sondern selbst bestimmten Anforderungen genügen muss. Nach der sogenannten Wechselwirkungslehre müssen allgemeine Gesetze daher „in ihrer das Grundrecht beschränkenden Wirkung ihrerseits im Lichte der Bedeutung dieses Grundrechts gesehen und so interpretiert werden, dass der besondere Wertgehalt dieses Rechts, der in der freiheitlichen Demokratie zu einer grundsätzlichen Vermutung für die Freiheit der Rede in allen Bereichen, namentlich aber im öffentlichen Leben, führen muss, auf jeden Fall gewahrt bleibt. (...) Es findet eine Wechselwirkung zwischen Grundrecht und allgemeinem Gesetz in dem Sinne statt, dass die allgemeinen Gesetze zwar dem Wortlaut nach dem Grundrecht Schranken setzen, ihrerseits aber aus der Erkenntnis der wertsetzenden Bedeutung dieses Grundrechts im freiheitlichen demokratischen Staat ausgelegt und so in ihrer das Grundrecht begrenzenden Wirkung selbst wieder eingeschränkt werden müssen"[86]. Dadurch soll eine übermäßige Relativierung der Grundrechte des Art. 5 Abs. 1 S. 1 GG durch die allgemeinen Gesetze soweit wie nötig ausgeschlossen werden.[87] Die Wechselwirkungslehre führt zu einer Güterabwägung zwischen den Grundrechten des Art. 5 Abs. 1 S. 1 GG und dem Rechtsgut, dass durch das einschränkende allgemeine Gesetz geschützt wird, wobei das *Bundesverfassungsgericht* nach ständiger Rechtsprechung eine konkrete Güterabwägung im Einzelfall vornimmt.[88]

---

[85] BVerfGE 7, 199 (209 f.).

[86] BVerfGE 7, 199 (208 f.).

[87] BVerfGE 20, 162 (178).

[88] Siehe dazu unter anderem: BVerfGE 20, 162 (178); 21, 239 (243); 24, 278 (282); 27, 71 (85); 28, 191 (202); siehe ausführlich zur Kritik Herzog in: MDHS, GG, Art. 5, Abs. I, II, Rz 259 ff., wonach eine ab-strakte Güterabwägung vorzunehmen sei.

Die Bestimmungen über das Schulbuchzulassungsverfahren müssten, um das Grundrecht des Verlages auf Pressefreiheit rechtmäßig einzuschränken, allgemeine Gesetze im Sinne des Art. 5 Abs. 2 GG darstellen. Soweit es sich dabei um verfahrensrechtliche Bestimmungen handelt, bestehen hiergegen keine Bedenken, da diese weder unmittelbar noch mittelbar an inhaltliche Kriterien eines zuzulassenden Schulbuches anknüpfen und sich daher auch nicht gegen eine bestimmte Meinung richten können. Einer genaueren Überprüfung sind dagegen die Regelungen zu unterziehen, welche die Voraussetzungen festlegen, die ein Schulbuch inhaltlich erfüllen muss, um zugelassen zu werden. Unproblematisch sind hier die formalen Kriterien Altersgemäßheit der Darstellung, angemessener Preis und fehlender Raum für Schülereintragungen, da auch hier offensichtlich keine bestimmte Meinung verboten werden soll.

Wie sind aber Kriterien zu beurteilen, die den Inhalt eines Schulbuches betreffen? In allen Bundesländern werden Schulbücher nur zugelassen, wenn sie mit der Rechtsordnung und mit den Lehrplänen und Richtlinien übereinstimmen. Das Kriterium der **Rechtsordnungskonformität** erfüllt die Anforderungen, die an ein allgemeines Gesetz gestellt werden, da verfassungs- oder gesetzwidrige Inhalte keinen Unterrichtsstoff darstellen können. Insoweit handelt es sich um kein Sonderrecht gegen die Pressefreiheit, sondern um Regelungen, die dem Schutz der verfassungsmäßigen Ordnung dienen sollen und damit nicht speziell bei der Schulbuchzulassung, sondern allgemein im Pressewesen gelten. Übereinstimmend mit *Bryde*[89] soll hier aber darauf hingewiesen werden, dass der bloße Abdruck verfassungswidriger Texte und Quellen (zum Beispiel Texte nationalsozialistischen Inhalts) nicht grundsätzlich verboten ist, solange er in einem sinnvollen Zusammenhang geschieht, der der Wissensvermittlung förderlich ist.

Das Zulassungskriterium der **Lehrplan- und Richtlinienkonformität** bestimmt, dass ein Schulbuch inhaltlich mit den Lehrplänen der einzelnen Fächer übereinstimmen muss; teilweise wird dieses Kriterium auf eine „weitgehende" Übereinstimmung beschränkt. In den Lehrplänen der einzelnen Fächer werden konkrete Lernziele und die zur Erreichung dieser Ziele für notwendig erachteten Lerninhalte festgelegt. Hierbei geht es um Fragen der Wissensvermittlung, die

---

[89]   Bryde, Gutachten, S. 36.

sich an gesicherten Erkenntnissen der Fachwissenschaft orientieren und sich auch methodisch und didaktisch auf dem neuesten Forschungsstand bewegen müssen. In den Lehrplänen, an denen sich ein Schulbuch orientieren muss, werden also notwendige Inhalte positiv festgeschrieben. Verbote bestimmter Inhalte werden nicht ausgesprochen, so dass nicht davon die Rede sein kann, dass hierdurch bestimmte Meinungen von der Wissensvermittlung ausgeschlossen werden. Vielmehr geht es um die Absicherung eines aus wissenschaftlicher Sicht qualitativen Unterrichts, in dem Spielräume verbleiben, die über den Inhalt eines Lehrplans hinausgehen können. Eine bestimmte Meinung ist kein Anknüpfungspunkt für dieses Kriterium. Die Notwendigkeit einer Qualitätssicherung im Schulunterricht und die sich aus Art. 7 Abs. 1 GG ergebende Gewährleistung einer entsprechenden staatlichen Aufsicht, rechtfertigen dieses Kriterium auch, das damit als allgemeines Gesetz anzusehen ist.

Im Rahmen der Wechselwirkungslehre stellt sich die Frage, ob die einschränkende Voraussetzung der Lehrplan- und Richtlinienkonformität soweit gehen muss, dass sie eine vollständige Übereinstimmung mit den Lehrplänen fordert. *Bryde*[90] wendet hiergegen ein, dass der einzelne Lehrer, zumindest aber die für die Schulbucheinführung zuständige Konferenz kompetent genug seien, ein Schulbuch auf seine Lehrplan- und Richtlinienkonformität zu untersuchen, so dass die Notwendigkeit einer präventiven Kontrolle durch das Kultusministerium zumindest zweifelhaft sei. Tatsächlich wird man die Anforderungen an die Lehrplan- und Richtlinienkonformität nicht zu hoch ansetzen dürfen. Grundsätzlich sind hier zwei Fallgestaltungen möglich: (1) Das Schulbuch geht über den Lehrplan hinaus und behandelt Aspekte und Fragestellungen, die darin nicht vorgesehen sind. (2) Einzelne Anforderungen, die der Lehrplan stellt, sind im Schulbuch nicht oder nur am Rande behandelt. Durch eine versagende Zulassungsentscheidung aus diesen Gründen wäre die Pressefreiheit des Verlegers über Gebühr eingeschränkt und auch durch die von Art. 7 Abs. 1 GG geschützte Aufsicht über die Funktionstüchtigkeit der Schule nicht mehr gerechtfertigt. Dem Verlag muss ein gewisser inhaltlicher und didaktischer Spielraum bei der Schulbuchgestaltung verbleiben. Nur unter dieser Voraussetzung ist auch eine einheitliche Konzeption von Schulbüchern, die in mehr als einem Bundesland verwendet werden sollen, möglich.

---

[90] Bryde, Gutachten, S. 38.

In einigen Bundesländern wurde dieses Problem gesehen und in den Schulbuchzulassungsbestimmungen umgesetzt, indem nur eine „weitgehende" Übereinstimmung mit den Lehrplänen gefordert wird.[91] Diese Voraussetzung ist
ausreichend, um die Umsetzung und Verwirklichung des Lehrplans durch das
Lehrpersonal zu gewährleisten, denn der Lehrer ist letztendlich der Wissens-
vermittler, das Lehrbuch nur ein Mittel, dessen er sich zur Wissensvermittlung
bedienen soll. Eine vollständige Übereinstimmung mit den Lehrplänen und
Rahmenrichtlinien ist nicht erforderlich, das Lernmittel muss lediglich die dort
festgelegten Groblernziele verfolgen.[92]

Darüber hinaus gibt es in einzelnen Bundesländern weitere Zulassungskriterien,
die inhaltliche Vorgaben an ein Schulbuch machen. Teilweise wird verlangt,
dass ein Schulbuch die Gleichstellung von Mann und Frau fördern soll (Nordrhein-Westfalen, Sachsen, Thüringen) und kein das Geschlecht, die Religion
oder eine Rasse diskriminierendes Verhalten fördern darf (Brandenburg, Hessen, Sachsen-Anhalt). Hier werden konkrete Anforderungen an den Inhalt eines
Schulbuches gestellt, die gleichzeitig auch bestimmte Meinungen verbieten.
Allerdings haben diese Bestimmungen die Funktion, durch Artikel 3 Abs. 3 GG
selbständig abgesicherte Rechtspositionen zu wahren und durchzusetzen. Sie
stellen deshalb nur einen Unterfall der bereits behandelten Rechtsordnungskonformität dar.

Auch in formeller Hinsicht sind an ein allgemeines Gesetz Anforderungen zu
stellen. In Betracht kommen nur Gesetze im materiellen Sinn, also auch auf gesetzlichen Bestimmungen beruhende Rechtsverordnungen, nicht aber Verwaltungsvorschriften, die nur reine Exekutivregelungen darstellen.[93] Danach können alle Bestimmungen über das Schulbuchzulassungsverfahren, die sich unterhalb der Rechtsverordnungsebene bewegen, die Pressefreiheit des Verlages

---

[91]   „Vereinbarkeit mit Rahmenrichtlinien und Lehrplänen": Berlin, Niedersachsen, Sachsen-
       Anhalt; „Übereinstimmung mit Rahmenrichtlinien und Lehrplänen im wesentlichen":
       Rheinland-Pfalz; „Hilfe bei der Erarbeitung der in den Lehrplänen festgelegten Ziele und
       Inhalte": Schleswig-Holstein.
[92]   Niehues, Schulrecht, Rz 586.
[93]   Wendt in: von Münch/Kunig, GGK I, Art. 5, Rz 73; BVerwGE 72, 183 (186); OVG
       Münster DVBl. 1972, 509; Pieroth/Schlink, Grundrechte, Rz 586.

nicht wirksam beschränken.[94] Wie oben in Teil B. III. 5. a) gezeigt, haben die Bundesländer unterschiedliche Regelungen über die Schulbuchzulassung getroffen. In den meisten Bundesländern gibt es eine Norm im jeweiligen Schulgesetz, welche die groben Anforderungen an ein Schulbuchzulassungsverfahren festlegt, die genaue Ausge-staltung des Verfahrens aber durch Rechtsverordnung geregelt wissen will. In einigen Bundesländern wird die Regelung der Verfahrensausgestaltung durch eine Verweisungsvorschrift im Schulgesetz geregelt, in dem die Zulassungsvoraussetzungen genannt werden und das Kultusministerium zum Erlass von verfahrensausgestaltenden Verwaltungsvorschriften ermächtigt wird. In Bremen, Berlin und Nordrhein-Westfalen existieren schließlich nur allgemeine Verweisungsvorschriften im Schulgesetz, nach denen das Kultusministerium zur Regelung von schulischen Fragen durch Verwaltungsvorschriften ermächtigt wird, ohne dass dabei speziell auf die Schulbuchzulassung eingegangen wird. Die Regelungen in diesen drei Bundesländern können aufgrund ihres mangelnden Gesetzescharakters keine allgemeinen Gesetze sein. Sie sind verfassungswidrig. In allen übrigen Bundesländern genügen die Bestimmungen in formeller Hinsicht den Anforderungen, welche der Gesetzesvorbehalt stellt.

Den gesetzlichen Bestimmungen zum Schutz der Jugend kommt hier als Schranke keine weitere Bedeutung zu. Solche Bestimmungen liegen vor, wenn sie bestimmt oder geeignet sind, die Jugend vor Gefahren durch die Veröffentlichung von Druck-, Bild- oder Tonerzeugnissen zu schützen.[95] Die Zielrichtung der Bestimmungen über das Schulbuchzulassungsverfahren ist zwar auch der Jugendschutz, vor allem geht es jedoch um die Festlegung von schulischen Lerninhalten, so dass dieser Schranke neben den allgemeinen Gesetzen keine eigenständige Bedeutung zukommt.

Die Schulbuchzulassungsregelungen genügen den Anforderungen des qualifizierten Gesetzesvorbehalts der allgemeinen Gesetze, den Art. 5 Abs. 2 GG als Schranke normiert. Nur die Regelungen in Berlin, Bremen und Nordrhein-

---

94 In Teil D. der Arbeit wird noch genauer zu untersuchen sein, welche Anforderungen sich aus dem Prinzip des Vorbehalts des Gesetzes für die Regelung des Schulbuchzulassungsverfahrens ergeben.

95 Wendt in: von Münch/Kunig, GGK I, Art. 5, Rz 79.

Westfalen sind nicht als allgemeine Gesetze im Sinne des Art. 5 Abs. 2 GG anzusehen. Insoweit besteht hier Änderungsbedarf.

bb) Schranken-Schranken-Prüfung

aaa) Verstoß gegen das Zensurverbot

Art. 5 Abs. 1 S. 3 GG bestimmt, dass eine Zensur nicht stattfindet. Um feststellen zu können, ob die Regelungen des Schulbuchzulassungsverfahrens gegen
dieses Zensurverbot[96] verstoßen, ist zunächst zu klären, was unter Zensur zu
verstehen ist. In der Vergangenheit wurde streitig diskutiert, ob von einem formellen oder einem materiellen Zensurbegriff auszugehen ist und ob nur die
Vor- oder auch die Nachzensur unzulässig ist.

Der materielle Zensurbegriff stellt auf die Motive und Absichten, die eine staatliche Stelle mit einer Zensurmaßnahme verfolgt, ab und bestimmt Zensurmaß-
nahmen immer von der ihnen innewohnenden Tendenz her.[97] Besonders Gründe
der Rechtssicherheit sprechen jedoch dafür, mit der inzwischen ganz herrschenden Lehre und der Rechtsprechung von einem formellen Zensurbegriff auszugehen, bei dem es auf den Nachweis der Motive der zensierenden staatlichen
Instanz nicht ankommt, da er allein auf die Form des staatlichen Zensurvor-
gangs abstellt. Danach bedeutet Zensur das Abhängigmachen der Herstellung
oder Verbreitung eines Geisteswerkes von einer behördlichen Vorprüfung und
Genehmigung seines Inhalts.[98] In zeitlicher Hinsicht ist nur die sogenannte Vor-
oder Präventivzensur erfasst, nachträgliche Kontrollmaßnahmen (Nachzensur)
sind dagegen zulässig, solange sie sich im Rahmen der Schranken des Art. 5
Abs. 2 GG bewegen.[99] Art. 5 Abs. 1 S. 3 GG verbietet also im Bereich der Pres-

---

[96] Das Zensurverbot ist als Schranken-Schranke, nicht etwa als eigenes Grundrecht anzusehen, Herzog in: MDHS, GG, Art. 5, Abs. I, II, Rz 296; Starck in: von Mangoldt/
Klein/Starck, GGK I, Art. 5, Rz 159; Pieroth/Schlink, Grundrechte, Rz 604; Wendt in:
von Münch/Kunig, GGK I, Art. 5, Rz 66; Löffler/Ricker, Presserecht, 7. Kap., Rz 23.

[97] Löffler, NJW 1969, 2225 (2226); zu den verschiedenen materiellen Zensurbegriffen siehe
die Übersicht bei Rieder, Zensurbegriff, S. 36 ff.

[98] BVerwG RdJ 1974, 48 (50), BVerfGE 33, 52 (72); 73, 118 (166); Kannengießer in:
Schmidt-Bleibtreu/Klein, GGK, Art. 5, Rz 14; Wendt in: von Münch/Kunig, GGK I,
Art. 5, Rz 62.

[99] Starck in: von Mangoldt/Klein/Starck, GGK I, Art. 5 Abs. 1, 2, Rz 158 mit weiteren
Nachweisen.

sefreiheit jedes präventive Verbot.[100] Wendet man diesen Zensurbegriff auf das Schulbuchzulassungsverfahren an, ergibt sich folgendes:

Grundsätzlich steht es einem Schulbuchverlag frei, ein Schulbuch herzustellen und im Handel zu vertreiben. Dazu bedarf es keiner vorherigen staatlichen Genehmigung. Ein Verbot mit Erlaubnisvorbehalt besteht nur für den Fall, dass das Schulbuch an einer staatlichen Schule verwendet werden soll. Hier ist eine vorherige Überprüfung durch das jeweils zuständige Landeskultusministerium notwendig. An dieser Stelle taucht ein ähnliches Pro-blem auf wie schon bei der Frage nach dem Grundrechtseingriff: Die Besonderheit der Fallgestaltung besteht darin, dass die Zulassung eines Schulbuches nicht grundsätzlich, sondern nur für einen bestimmten Verwendungszweck, nämlich den Schulgebrauch, notwendig ist. Aufgrund der bestehenden, erlaubnisfreien Möglichkeit der Herstellung und Verbreitung eines Schulbuches im Handel, liegt hier kein typischer Fall der Vorzensur im Sinne von Art. 5 Abs. 1 S. 3 GG vor. Der Genehmigungsvorbehalt für den Schulgebrauch steht aber trotzdem noch im Raum, denn er verhindert die genehmigungsfreie Verbreitung eines Schulbuches auf seinem Hauptmarkt, nämlich in den staatlichen Schulen. Wird dadurch indirekt oder faktisch Zensur ausgeübt oder das Zensurverbot unzulässig umgangen?

In dem einschlägigen Urteil des *VGH Kassel*[101] wird diese Frage ausdrücklich verneint.[102] Eine Versagung der Genehmigung, die von dem Kultusministerium des Bundeslandes ausgesprochen wird, bei dem die Zulassung beantragt wird, führe nur dazu, dass das betreffende Schulbuch in diesem Bundesland nicht aus staatlichen Mitteln angeschafft werden dürfe, die Möglichkeit zur Herstellung und Verbreitung an Privatpersonen oder Privatschulen bestehe davon unabhängig und uneingeschränkt weiter.[103] Auch aus dem sog. Pamir-Urteil des *Bundesverwaltungsgerichts*[104] ergebe sich nichts anderes. Darin ging es um die Frage, ob die Nichtgewährung eines Prädikats für einen Film durch die Filmbewertungsstelle in Wiesbaden wegen der vergnügungssteuerrechtlichen Konsequenzen eine unzulässige Umgehung des Zensurverbots darstellt. Der *VGH Kassel*

---

100 Herzog in: MDHS, GG, Art. 5, Abs. I, II, Rz 299.
101 VGH Kassel, RdJ 1974, 48 ff.
102 Anderer Ansicht dazu ist Rehborn, Schulbuchzulassung, S. 42 ff.
103 VGH Kassel, RdJ 1974, 48 ff.
104 BVerwGE 23, 194 ff.

meinte, dass es an der Vergleichbarkeit von Filmprädikatisierung und Schulbuchzulassungsverfahren fehle. Denn die Entscheidungen der Filmbewertungsstelle hätten aufgrund der Bestimmungen des Vergnügungssteuerrechts Konsequenzen über die Ländergrenzen hinaus, wohingegen die Versagung der Genehmigung eines Schulbuches für den Gebrauch in der Schule die Verbreitung
selbst in dem Bundesland, in dem die Genehmigung versagt werde, wirtschaftlich nicht unmöglich mache.[105] Das *Bundesverwaltungsgericht* hat in seinem
Beschluss über die Zulassung der Revision gegen das Urteil des *VGH Kassel*
ebenfalls die Vergleichbarkeit von Filmprädikatisierung und Schulbuchzulassung verneint und dabei vollinhaltlich Bezug auf das vorinstanzlich ergangene
Urteil genommen. Nach Ansicht des Gerichts ändert sich an dieser Beurteilung
auch dadurch nichts, dass durch die Nichtzulassung eines Schulbuches seine
Verbreitung in dem jeweiligen Bundesland erheblich beeinträchtigt wird.[106]

Mit dem *VGH Kassel* und dem *Bundesverwaltungsgericht* ist davon auszugehen, dass das Schulbuchzulassungsverfahren keinen Fall der faktischen Zensur
darstellt und das Zensurverbot nicht unzulässig umgangen wird.[107] Wird eine
beantragte Zulassung vom Kultusministerium eines Bundeslandes versagt, kann
es in der vorgelegten Form zwar nicht an den staatlichen Schulen des jeweiligen
Bundeslandes verwendet werden. Verlag und Autor haben aber auf der Grundlage des erstellten Gutachtens über die Eignung des Schulbuches die Möglichkeit, das Schulbuch in nachgebesserter Form erneut zur Prüfung vorzulegen.
Mit der so eingetretenen Verzögerung der Zulassung ist zwar ein wirtschaftlicher Nachteil verbunden, die negative Zulassungsentscheidung entfaltet damit
aber keine endgültige, die Verbreitung des Schulbuches auf seinem Hauptab-
satzmarkt beeinträchtigende Wirkung. Zudem wirkt die Ablehnung der Zulassung im Gegensatz zur versagten Filmprädikatisierung nur landesweit.[108] Die
Beantragung der Zulassung in anderen Bundesländern ist damit nicht ausgeschlossen. Gegen die einfache Übertragung der Rechtsprechung zur Umgehung
des Zensurverbotes bei der Filmprädikatisierung spricht außerdem, dass es sich

---

[105] VGH Kassel, RdJ 1974, 48 (50).
[106] BVerwG, JR 1973, 436 (438).
[107] Zu diesem Ergebnis kommt auch Bryde, Gutachten, S. 35.
[108] Nur im Saarland wird die Zulassung versagt, wenn sie zuvor in Baden Württemberg,
Nordrhein-Westfalen oder Rheinland-Pfalz nicht erteilt wurde.

bei Fragen der Schulbuchzulassung um eine Problematik auf dem Gebiet des Schulrechts handelt, für das als Sonderrechtsverhältnis besondere Regelungen gelten.

Aus diesen Gründen ist eine unzulässige Umgehung des Zensurverbots nicht gegeben. Das Schulbuchzulassungsverfahren bewegt sich damit innerhalb der Schranken-Schranken des in Art. 5 Abs. 1 S. 3 GG normierten Zensurverbots.

bbb) Andere Schranken-Schranken

Ein Verstoß gegen weitere Schranken-Schranken ist nicht ersichtlich. Die Bestimmungen des Schulbuchzulassungsverfahrens widersprechen weder dem Grundsatz der Verhältnismäßigkeit, der Wesensgehaltsgarantie des Art. 19 Abs. 2 GG, dem Gebot des einschränkenden Einzelfallgesetzes gem. Art. 19 Abs. 1 S. 1 GG noch dem Bestimmtheitsgrundsatz. Da das Zitiergebot des Art. 19 Abs. 1 S. 2 GG nach der Rechtsprechung des *Bundesverfassungsgerichts* nicht auf die allgemeinen Gesetze des Art. 5 Abs. 2 GG als Schranken der Art. 5 Abs. 1 GG anwendbar ist[109], bewegt sich das Schulbuchzulassungsverfahren auch insoweit innerhalb der geltenden Schranken-Schranken.

Der durch das Schulbuchzulassungsverfahren erfolgende Eingriff in den Schutzbereich des durch Art. 5 Abs. 1 S. 2, 1. HS GG gewährleisteten Grundrechtes des Verlages auf Pressefreiheit ist verfassungsrechtlich gerechtfertigt. Die jetzige Regelung in Berlin, Bremen und Nordrhein-Westfalen ist dagegen nicht mit der Verfassung vereinbar; ihre in Form von Verwaltungsvorschriften ergangenen Schulbuchzulassungsbestimmungen können nicht als allgemeine Gesetze im Sinne des Art. 5 Abs. 2 GG angesehen werden. Die gesamten Länder müssen deshalb ihre Regelungen in einem Gesetz oder einer Rechtsverordnung verankern.

2. Verletzung anderer Grundrechte durch das Schulbuchzulassungsverfahren

Das Grundrecht der Pressefreiheit schützt alle Tätigkeiten, von der Beschaffung bis zur Verbreitung der Information. Daher sind alle grundrechtsrelevanten Pressetätigkeiten von Art. 5 Abs. 1 GG erfasst, so dass die Grundrechte des

---

[109] BVerfGE 28, 282 (289); 33, 52 (77 f.).

Art. 12 Abs. 1, 14 Abs. 1 und 2 Abs. 1 GG hinter der Pressefreiheit als lex specialis zurücktreten.[110] Dies ist nicht unbestritten. Die Gegenauffassung geht
grundsätzlich von einer Idealkonkurrenz zwischen Art. 5 und Art. 12, 14 GG
aus.[111] Für das Verhältnis zwischen dem Grundrecht der Pressefreiheit zum
Grundrecht der Berufsfreiheit wird diese Ansicht damit begründet, dass beide
Grundrechtsbestimmungen sich überschneidende Anwendungsbereiche hätten;
zudem lasse der Wortlaut des Art. 12 Abs. 1 GG nicht die Auslegung zu, dass
die Vorschrift sich von vornherein nicht auf die Presseberufe beziehe.[112] Nach
der hier vertretenen Auffassung kommt es darauf jedoch nicht an. Das Grundrecht der Pressefreiheit gewährt für die Berufsausübung, um die es hier geht, im
Bereich des Pressewesens einen umfassenden Grundrechtsschutz, so dass
Art. 12 Abs. 1 GG hinter diese speziellere Grundrechtsnorm zurücktritt. Eine
andere Interpretation müsste zu dem Ergebnis kommen, dass die verfassungs-
mäßige Gewährleistung der Pressefreiheit sich nicht auf die hauptberufliche
Tätigkeit eines Verlegers, sondern nur auf eine Amateur-Tätigkeit bezieht.[113]
Denn nur in diesem Fall würde Art. 12 Abs. 1 GG einen über Art. 5 Abs. 1 GG
hinausgehenden sachlichen Schutzbereich umfassen. Zudem kann die durch
Art. 12 Abs. 1 GG geschützte Berufsausübung nach der Rechtsprechung des
Bundesverfassungsgerichts weitergehender reguliert werden, als dies im Presse-
bereich möglich sein dürfte.[114]

Ein Verstoß gegen den Gleichheitsgrundsatz des Art. 3 Abs. 1 GG wäre nur
denkbar, wenn zwei konkurrierende Verlage bei einem Kultusministerium die
Zulassung für dasselbe Schulbuch beantragen würden und in einem Falle eine
Genehmigung erginge, in dem anderen Fall die Genehmigung versagt würde.
Denn nur dann wäre eine vergleichbare Situation gegeben, für deren Ungleich-
behandlung das Vorliegen eines sachlichen Grundes in aller Regel fehlen dürf-
te. Diese Fallgestaltung wird in der Praxis jedoch nicht vorkommen, da ein
Autor sein Buch nur einem Verlag zur Veröffentlichung übertragen wird. Aus

---

110 Kübler, Gutachten D, D 49; Rehborn, Schulbuchzulassung, S. 46 f.

111 Jarass/Pieroth, GG, Art. 5, Rz 24 mit weiteren Nachweisen.

112 So nun auch MDHS, GG, Art. 5 Abs. I, II, Rz 142 f. und Wendt in GGK I, Art. 5, Rz 115
jeweils unter Aufgabe der in der Vorauflage vertretenen gegenteiligen Auffassung.

113 Kübler, Gutachten D, D 49

114 Kübler, Gutachten D, D 49.

diesem Grund erübrigen sich an dieser Stelle weitere Ausführungen zu dieser Frage.

3. Verletzung der Pressefreiheit durch das Einführungsverfahren

Auf das Schulbuchzulassungsverfahren folgt die sogenannte Einführungsentscheidung an der Schule. Hier wählen in der Regel die Fach- und Gesamtkonferenzen einer Schule aus der Liste der zugelassenen Schulbücher ein Schulbuch aus, dass zum Unterrichtseinsatz angeschafft wird. Das Grundrecht der Pressefreiheit gewährleistet nicht den Absatz eines Presseproduktes; die Kaufentscheidung und Auswahl zwischen den verschiedenen angebotenen Schulbüchern obliegt der Schule als Käufer.[115] Die gleiche Entscheidung müsste die Schule auch ohne zuvor durchgeführtes Zulassungsverfahren treffen. Der Verlag hat jedenfalls keinen Anspruch darauf, dass gerade „sein" Schulbuch angeschafft wird.[116] Insoweit ist die Einführungsentscheidung für den Verlag nicht grundrechtsrelevant und seine Durchführung verfassungsrechtlich im Hinblick auf eine mögliche Verletzung der Pressefreiheit nicht zu beanstanden.

II. Autor

Auch der Autor eines Schulbuchs hat ein Interesse an der ungehinderten Verbreitung seines Werkes. Insoweit befindet er sich in derselben Situation wie der Verlag. Daher gilt für Fragen der Beeinträchtigung von Grundrechtspositionen des Autors durch das Schulbuchzulassungsverfahren das zuvor für den Verlag Gesagte.

Durch die Einführungsentscheidung wird der Autor nicht in seinen Grundrechten verletzt, da er ebenso wie der Verlag keinen Anspruch auf Einführung und Anschaffung „seines" Schulbuchs durch die Schule hat.

---

[115] Bryde, Gutachten, S. 26.
[116] Bryde, Gutachten, S. 26.

III. Lehrer

Während sich diese Arbeit bislang mit der grundrechtlichen Relevanz des Schulbuchzulassungs- und Einführungsverfahrens für Verlag und Autor eines Schulbuchs beschäftigt hat, soll nunmehr die Rechtsposition des dadurch betroffenen Lehrers näher untersucht werden. Die Entscheidung über die Zulassung eines Schulbuchs für den Unterrichtsgebrauch schränkt den Lehrer in seiner Freiheit zur Unterrichtsgestaltung ein, da er nur zugelassene Schulbücher verwenden darf. Durch die Einführungsentscheidung an der Schule wird ihm die Benutzung eines bestimmten Schulbuches vorgeschrieben. Zuständig für die Einführungsentscheidung sind den unterschiedlichen landesrechtlichen Regelungen zufolge je nach der Schulorganisation und -verfassung die Fach-, Schul- oder Gesamtkonferenzen.[117] Die jeweilige Konferenzentscheidung soll den einzelnen Lehrer verpflichten, das eingeführte Schulbuch als hauptsächliches Arbeitsmittel im Unterricht zu verwenden. Dieses „Benutzungsgebot"[118] kann als Einschränkung der pädagogischen, didaktischen und methodischen Freiheit des Lehrers angesehen werden, da er seine Unterrichtsgestaltung – zumindest in gewissem Umfang – auf das zu benutzende Schulbuch ausrichten muss.

In diesem Zusammenhang stellt sich die Frage, ob und, wenn ja, in welchem Umfang dem Lehrer ein Recht auf freie Unterrichtsgestaltung zusteht, die durch die Verpflichtung zur Benutzung eines bestimmten Lernmittels unzulässig eingeschränkt werden könnte. Unter dem Stichwort „pädagogische Freiheit des Lehrers" wurde in der Vergangenheit in Schrifttum und Rechtsprechung kontrovers über die (verfassungs-)rechtliche Begründung und den Umfang der pädagogischen Gestaltungsfreiräume des Lehrers im Schulunterricht diskutiert. Diese Diskussion soll an dieser Stelle aufgegriffen und insbesondere auf ihre besondere Relevanz für die Frage untersucht werden, ob das Zulassungsverfahren und das Benutzungsgebot für das eingeführte Schulbuch rechtmäßig sind.

Es kommt eine Verletzung des in Art. 5 Abs. 3 S. 1 GG gewährleisteten Grundrechts auf Wissenschaftsfreiheit in Betracht. Möglicherweise kann die pädagogische Freiheit des Lehrers in den Schutzbereich des Art. 5 Abs. 3 S. 1 GG

---

[117] Siehe dazu oben unter B. III. 5. j).
[118] Stock, RdJB 1992, 241 (244).

einbezogen werden, wenn die Lehrtätigkeit an allgemeinbildenden Schulen als „Lehre" im Sinne der Vorschrift zu verstehen ist.

1. Schutzbereich des Art. 5 Abs. 3 S. 1 GG

a) Persönlicher Schutzbereich

Art. 5 Abs. 3 S. 1 GG bestimmt, dass Kunst und Wissenschaft, Forschung und Lehre frei sind. Damit verzichtet diese Vorschrift völlig auf eine Umschreibung des geschützten Personenkreises. Der personale Aspekt tritt in dieser Bestimmung hinter das Schutzobjekt zurück. Es ist daher davon auszugehen, dass jedermann, der sich auf einem der geschützten Gebiete betätigt, Grundrechtsschutz beanspruchen kann.[119]

b) Sachlicher Schutzbereich

Wie schon zuvor angedeutet, gehen die Auffassungen über eine rechtliche Fundierung der pädagogischen Freiheit des Lehrers in Art. 5 Abs. 3 S. 1 GG weit auseinander.[120]

aa) Die weitere Auslegung des Art. 5 Abs. 3 S. 1 GG

Dass die Lehrfreiheit auch für den Schulunterricht Geltung besitzt, wird zunächst mit der wörtlichen Auslegung des Begriffs „Lehre" begründet, da sich aus dem Wortlaut der Vorschrift eine Begrenzung auf die akademische Lehre an den Hochschulen nicht herleiten lasse.[121] Anders als Art. 142 Weimarer Reichsverfassung, der die „Wissenschaft und ihre Lehre" als Schutzobjekte benannt habe, stelle Art. 5 Abs. 3 S. 1 GG keinen sachlichen Zusammenhang zwischen Wissenschaft und Lehre her, vielmehr handele es sich bei Wissenschaft, Forschung und Lehre um getrennt voneinander zu betrachtende Schutzgüter, die eine Trennung von wissenschaftlicher und unwissenschaftlicher Lehre verbie-

---

119 Pieroth/Schlink, Grundrechte, Rz 623.
120 Siehe zur ausführlichen Darstellung dieses Problems: Beck, Geltung der Lehrfreiheit des Art. 5 Abs. 3 GG für die Lehrer an Schulen; Stock, Pädagogische Freiheit und politischer Auftrag der Schule.
121 Staff, DÖV 1969, 627 (628).

te.[122] Lehre im Sinne des Art. 5 Abs. 3 S. 1 umfasse daher nicht notwendigerweise das Verbreiten eigener Forschungsergebnisse, sondern die Vermittlung
als wahr beurteilter Erkenntnisse und zwar in wissenschaftlich (das heißt didaktisch und methodisch) aufbereiteter Form.[123] Gegen eine strikte Trennung
von universitärer Lehre und schulischem Unterricht spreche zudem die fort-
schreitende Verwissenschaftlichung insbesondere der gymnasialen Oberstufe,
im Gegensatz zu einer Verschulung des universitären Ausbildungswegs.[124]
Auch die teleologische Begriffsauslegung führe zu keinem anderen Ergebnis, da
die Lehrfreiheit eine freie Wissensvermittlung garantieren solle, was sich auf
das gesamte Bildungswesen, also über den universitären Bereich hinaus, auch
auf den Unterricht an allgemeinbildenden Schulen beziehe.[125] Die Aufsichtsvorschrift des Art. 7 Abs. 1 GG beschränke die pädagogische Freiheit des Lehrers
zwar, da sie der staatlichen Schulaufsicht als subsidiäres Korrektiv unterliege,
schließe sie aber nicht aus.[126]

Die pädagogische Freiheit des Lehrers im Schulunterricht falle aus diesen
Gründen unmittelbar unter die Lehrfreiheit des Art. 5 Abs. 3 S. 1 GG.

bb) Die engere Auslegung

Gegen diese Auslegung des Art. 5 Abs. 3 GG sprechen sich herrschende Lehre
und Rechtsprechung aus. Eine von Verfassungs wegen garantierte Freiheit des
Lehrers und die in Art. 7 Abs. 1 GG verankerte staatliche Schulaufsicht schlös-
sen sich gegenseitig aus; Art. 7 Abs. 1 GG gehe insoweit als lex specialis den
Lehrerrechten vor, die andernfalls die staatliche Schulaufsicht gänzlich aus den
Angeln heben würde.[127] Der entscheidende Unterschied zwischen Schule und

---

[122]   Perschel, DÖV 1970, 34 (38); Staff, DÖV 1969, 627 (628).

[123]   Staff, DÖV 1969, 627 (630).

[124]   Bryde, Gutachten, S. 45.

[125]   Perschel, DÖV 1970, 34 (38).

[126]   Perschel, DÖV 1970, 34 (40); in diesem Sinne wohl auch Stock, Anmerkung zu OVG
        Lüneburg, RdJB 1994, 147 ff. (151).

[127]   Wendt in: von Münch/Kunig, GGK I, Art. 5, Rz 69, von Münch, DVBl. 1964, 789 (793),
        wobei er die zunehmende Schwierigkeit einer Abgrenzung von Hochschullehre und
        Schullehre insbesondere in der gymnasialen Oberstufe durchaus zugesteht; Starck, DÖV
        1979, 269 (274); Pieroth/Schlink, Grundrechte, Rz 623, so auch Kollatz, DÖV 1970, 594
        (595), Rehborn, Schulbuchzulassung, S. 51; Niehues, Schulrecht, Rz 511 ff.; kritisch

Universität liege darin, dass es für den Hochschulbereich an einer Art. 7 Abs. 1 GG vergleichbaren grundgesetzlich normierten Aufsichtsvorschrift fehle. Aus diesem Unterschied ergebe sich auch die Notwendigkeit einer Abgrenzung zwischen der Lehre an Universität und Schule, die die Anwendung des Art. 5 Abs. 3 S. 1 GG unmöglich mache. Lehre im Sinne der Vorschrift bedeute inhaltlich jedenfalls eine Verknüpfung mit eigenverantwortlicher Forschung, wie sie bei Lehrern, wenn überhaupt, nur in Ausnahmefällen vorkomme.[128] Insoweit sei die grundrechtlich abgesicherte Lehrfreiheit auf die besondere Stellung und Aufgabe der Hochschullehrer ausgerichtet und könne auch deswegen auf den Schulunterricht nicht ausgeweitet werden.[129] Der Hinweis des *Bundesverfassungsgerichts*, bei der Festlegung von Lerninhalten für den Unterricht sei immer zu prüfen, ob sie der pädagogischen Freiheit des Lehrers genügend Raum lasse[130], könne daher auch nicht als verfassungsrechtliche Begründung der pädagogischen Freiheit des Lehrers angesehen werden, sondern sei eher als Randbemerkung zu verstehen, der kein solcher Aussageinhalt zukomme.[131]

Zu Rechtsgrundlage und Umfang der pädagogischen Freiheit des Lehrers werden von den Gegnern einer unmittelbaren Anwendung des Art. 5 Abs. 3 S. 1 GG verschiedene Vorstellungen vertreten:

Nach der Rechtsprechung steht dem Lehrer kein subjektives Recht auf Verwirklichung seiner pädagogischen Freiheit zu, die es ihm zum Beispiel ermöglichen würde, sich gegen die Verpflichtung zu wenden, ein zugelassenes und eingeführtes Schulbuch zu benutzen. Gegen eine solche Rechtsposition spricht nach der Rechtsprechung die Weisungsgebundenheit des beamteten Lehrers nach dem jeweiligen Landesbeamtengesetz, an der auch schulgesetzliche Regelungen über die pädagogische Freiheit des Lehrers nichts ändern könnten; der Lehrer ist demnach an Gesetze, Rechtsverordnungen, Verwaltungsvorschriften, Konferenzbeschlüsse und sonstige Anordnungen der Schulaufsicht gebunden,

---

zum grundsätzlichen Vorrang des Art. 7 Abs. 1 GG siehe Bleckmann, Staatsrecht II, § 26, Rz 135; Püttner/Rux in: Achterberg/Püttner/Würtenberger, § 14, Rz 69.

[128] Eiselt, DÖV 1981, 821 (825), siehe Herzog in: MDHS, GG, Art. 5, Abs. I, II, Rz 107.

[129] von Münch, DVBl. 1964, 789 (793), im Ergebnis gehen davon auch die Gerichte aus, siehe dazu VG Hannover, RdJB 1992, 241 ff., OVG Lüneburg, RdJB 1994, 147 (150), BVerwG NVwZ 1994, 583 ff.

[130] BVerfGE 47, 46 (83).

[131] So insbesondere Rehborn, Schulbuchzulassung, S. 51.

die auf Art. 7 Abs. 1 GG fußten. Bei allen Maßnahmen der Schulaufsicht sei aber gebührend auf die pädagogische Freiheit des Lehrers Rücksicht zu nehmen, so dass ein Restbestand an pädagogischer Verantwortung verbleibe und der Kernbereich methodischer und didaktischer Unterrichtsgestaltung gewährleistet sei.[132]

Einige Autoren wollen, auf *Ekkehart Stein*[133] zurückgehend, die pädagogische Freiheit des Lehrers von den Rechten der Schüler her definieren.[134] *Hennecke* sieht die pädagogische Freiheit, die als Schranke der staatlichen Schulaufsicht wirke, als notwendige Rechtsposition, um das Recht der Schüler auf Selbstentfaltung im Unterricht gemäß Art. 2 Abs. 1 GG zu garantieren.[135] Die Freiheit des Lehrers finde daher dort ihre Grenze, wo sie einen unzulässigen Eingriff in die Grundrechte der Schüler darstelle. Durch die Analogie zwischen pädagogischer Freiheit und Grundrechtspositionen der Schüler erlange erstere Verfassungsrang.[136] *Starck* beschreibt die Funktion der pädagogischen Freiheit dahin, dass sie die bestmögliche Erziehung der Schüler gewährleisten solle. Ein Grundrecht des Lehrers stelle die Lehrerfreiheit jedoch nicht dar, sondern sie begründe im Gegenteil die Pflicht, die Grundrechte der Schüler zu achten.[137] Der Staat dürfe nur den Rahmen für die Bestimmung des Unterrichtsinhalts abstecken, wobei die schulaufsichtlichen Bestimmungen aber die Vergleichbarkeit der Ausbildung in den einzelnen Schulformen und -stufen gewährleisten müssten. *Kopp* gründet die Lehrerfreiheit neben Art. 2 Abs. 1 GG des Kindes auch auf den ungeschriebenen Verfassungsgrundsatz der optimalen Effizienz des Staates und seines Erziehungsauftrags, wobei er den Gesetzgeber zur näheren Ausgestaltung der pädagogischen Freiheit des Lehrers aufgerufen sieht.[138]

Einer anderen Ansicht zufolge ist die pädagogische Freiheit des Lehrers bei der Unterrichtsgestaltung insgesamt beamtenrechtlich zu verstehen. Es handelt sich

---

[132] OVG Lüneburg, RdJB 1994, 147 (150); BVerwG, NVwZ 1994, 583 (583 f.).

[133] Stein, Das Recht des Kindes zur Selbstentfaltung in der Schule, 1967.

[134] Hennecke RdJB 1986, 233 f.; Starck, DÖV 1979, 269 (273); Kopp, DÖV 1979, 890 (893).

[135] Hennecke, RdJB19 1986, 233 (240).

[136] Hennecke, RdJB 1986, 233 (240).

[137] Starck, DÖV 1979, 269 (273).

[138] Kopp, DÖV 1979, 890 (893).

um eine Rechtsposition, die dem Lehrer beamtenrechtlich zur Erfüllung seiner speziellen pädagogischen Pflichten eingeräumt wird und seine Stellung damit ergänzt und modifiziert.[139] Sein Freiheitsspielraum ist durch seine grundsätzliche Weisungsgebundenheit beschränkt, so dass sie durch Gesetze, Verordnungen, Erlasse und sonstige schulaufsichtliche Anordnungen begrenzt werden kann, die sich allerdings auf ein Mindestmaß beschränken müssen.[140]

cc) Eigener Lösungsvorschlag

Der Ansicht, die die pädagogische Freiheit in den Schutzbereich des Art. 5 Abs. 3 GG einbeziehen will, ist in eingeschränkter Form zu folgen.

Das Hauptargument der herrschenden Meinung gegen die Einbeziehung der pädagogischen Freiheit in den Schutzbereich des Art. 5 Abs. 3 GG ist, dass diese inhaltlich nicht mit der Wissenschaftsfreiheit des Hochschullehrers identisch sein könne, da sie den Einschränkungen des Art. 7 Abs. 1 GG unterliege, einer Vorschrift die für den universitären Bereich nicht existiere. Art. 7 Abs. 1 GG sei lex specialis gegenüber den Lehrerrechten, so dass diese von vornherein verdrängt würden. Allerdings spielen diese Erwägungen auf der Schutzbereichsebene keine Rolle. Eine solche schutzbereichsbegrenzende Funktion kommt Art. 7 Abs. 1 GG nicht zu. Der Umfang des Schutzbereiches eines Grundrechts ist von seiner Einschränkbarkeit zu trennen. Art. 7 Abs. 1 GG ist daher systematisch gesehen im Rahmen der verfassungsrechtlichen Eingriffsrechtfertigung als mögliche Schranke des Art. 5 Abs. 3 GG zu prüfen, welche die pädagogische Freiheit des Lehrers begrenzen kann.[141]

Daher bleibt es auf der Schutzbereichsebene bei der inhaltlichen Frage, ob die Tätigkeit des Lehrers an Schulen als „Lehre" im Sinne des Art. 5 Abs. 3 GG anzusehen ist.

Über den Inhalt und die Ziele des Schulunterrichts an den verschiedenen Schulformen geben die landesrechtlichen Schulgesetze Auskunft, die hier am Beispiel von Hessen betrachtet werden sollen. Gemäß § 23 Abs. 1 des Hessischen

---

139 von Münch, DVBl. 1964, 789 (794); Avenarius/Heckel, Schulrechtskunde, S. 341 ff.
140 von Münch, DVBl. 1964, 789 (794).
141 Siehe zur Unterscheidung von Schutzbereichsbegrenzung und Eingriffsrechtfertigung Pieroth/Schlink, Grundrechte, Rz 235, insbesondere Rz 321 ff.

Schulgesetzes (HessSchulG) sollen die Haupt- und Realschulen den Schülerinnen und Schülern eine allgemeine Bildung vermitteln, die es ihnen erlaubt, ihre Ausbildung vor allem in berufs-, aber auch in studienqualifizierenden Bildungsgängen fortzusetzen. Diese beiden Schulformen stellen daher eher die Vorbereitung auf eine berufliche Ausbildung in den Mittelpunkt.

Das Gymnasium soll, wie sich aus § 24 Abs. 1 HessSchulG ergibt, darüber hinaus dazu befähigen, den Bildungsweg an einer Hochschule fortsetzen zu können. An dem Gymnasium als studienqualifizierender Schule hat die gymnasiale Oberstufe (Sekundarstufe II) beginnend in der Jahrgangsstufe 11 die Aufgabe, den Schülerinnen und Schülern den Erwerb der allgemeinen Hochschulreife zu ermöglichen, § 30 HessSchulG. Sie ist in eine Einführungs- und eine Qualifikationsphase gegliedert. In der Qualifikationsphase soll gemäß § 31 Abs. 3 HessSchulG der Unterricht in Leistungskursen in besonderer Weise in die Methoden wissenschaftlichen Arbeitens einführen, deren Kenntnis Voraussetzung für den Erwerb der allgemeinen Hochschulreife sind.[142] Der Abschluss der gymnasialen Oberstufe ist damit Voraussetzung für den Besuch einer Hochschule, an der laut § 3 Abs. 3 Hochschulrahmengesetz (HRG) die Freiheit der Lehre im Sinne des Art. 5 Abs. 3 GG insbesondere die Abhaltung von Lehrveranstaltungen und deren inhaltliche und methodische Gestaltung umfasst. Ziel des Studiums soll gemäß § 7 HRG die Vorbereitung der Studierenden auf ein berufliches Tätigkeitsfeld und die Vermittlung der dazu erforderlichen fachlichen Kenntnisse, Fähigkeiten und Methoden sein. Universitätsausbildung und Schulunterricht in der gymnasialen Oberstufe stehen insoweit in einem direkten Zusammenhang. Die Schulausbildung soll jedenfalls in der gymnasialen Oberstufe im Gymnasium als Vorbereitung auf das Universitätsstudium dienen. Hier wird besonders deutlich, dass die Abgrenzung von wissenschaftlicher Lehre an Schulen zur Lehre im übrigen daran anknüpfen muss, ob komplexe Unterrichtsinhalte und wissenschaftliche Erkenntnisse vermittelt werden sollen. Dieses Ziel verfolgt nur der Unterricht in der Sekundarstufe II des Gymnasiums.[143]

---

[142] Siehe als Beispiel für die einander ähnlichen Regelungen für diesen Bereich in den verschiedenen Bundesländern § 7 Sächsisches Schulgesetz.

[143] Daneben existieren in den einzelnen Bundesländern auch andere studienqualifizierende Schulen, wie zum Beispiel das berufliche Gymnasium oder die sogenannten doppeltqualifizierenden Studiengänge, in denen berufliches und allgemeinbildendes Lernen miteinander verbunden werden, siehe zum Beispiel § 29 HessSchulG.

Die Lehrertätigkeit an Schulen kann nur dort in den Schutzbereich der Lehrfreiheit fallen, wo sie mit der „klassischen" Lehre im universitären Bereich zusammenhängt. Dies ist jedenfalls im Bereich der gymnasialen Oberstufe als dem wichtigsten studienqualifizierenden Ausbildungsgang der Fall.[144] Im Unterschied dazu kann die Tätigkeit des Lehrers in Grund-, Haupt- und Realschulen, aber auch an Musik- und Volkshochschulen nicht als Lehre im Sinne des Art. 5 Abs. 3 GG angesehen werden. Hier liegt der besondere Schwerpunkt der Arbeit des Lehrers auf den didaktischen und methodischen Fähigkeiten der Lehrperson zur Vermittlung einfacherer Unterrichtsstoffe, die Lehre im Sinne der wissenschaftlichen Erkenntnisvermittlung tritt in den Hintergrund.

Die pädagogische Freiheit des Lehrers in der Sekundarstufe II des Gymnasiums und der Unterricht an vergleichbaren studienqualifizierenden Ausbildungsgängen fällt damit, aufgrund der besonderen Nähe zur Lehre an der Hochschule, in den Schutzbereich des Art. 5 Abs. 3 GG. Nur die Lehrtätigkeit in diesem Bereich ist grundrechtlich geschützt. Nur für diesen Bereich werden im folgenden die Fragen des Eingriffs in den Schutzbereich und seiner verfassungsrechtlichen Rechtfertigung geprüft.

2. Eingriff

Der einzelne Lehrer ist in der Wahl des Schulbuches, das er im Unterricht verwenden will, beschränkt. Die erste Einschränkung erfolgt durch das Zulassungsverfahren. Der einzelne Lehrer kann nur ein vom Kultusministerium für geeignet befundenes und zugelassenes Schulbuch im Unterricht verwenden. Dadurch werden seine Auswahlmöglichkeiten beschränkt, so dass die freie Unterrichtsgestaltung nicht in vollem Umfang gewährleistet ist.

Die zweite Einschränkung liegt in der auf die Zulassung folgenden Einführungsentscheidung durch die zuständigen Schulgremien. Hier wird aus der Liste aller zugelassenen Schulbücher eines herausgesucht, das dann angeschafft werden soll. Durch die Einführungsentscheidung soll der Lehrer zur Verwendung dieses Buches verpflichtet sein, insoweit wird also ein Benutzungsgebot begründet. In Zulassungs- und Einführungsverfahren ist daher ein Eingriff in seine durch Art. 5 Abs. 3 GG geschützte pädagogische Freiheit zur eigenverantwortlichen

---

[144] Gleiches gilt aber auch für die in Fußnote 143 genannten Schulformen.

Unterrichtsgestaltung in der Sekundarstufe II des Gymnasiums und vergleichbarer Bildungsgänge zu sehen.

3. Verfassungsrechtliche Rechtfertigung

Art. 5 Abs. 3 GG ist ein vorbehaltlos gewährleistetes Grundrecht. Zur Eingriffsrechtfertigung kann daher nur auf kollidierendes Verfassungsrecht zurückgegriffen werden.[145]

Art. 7 Abs. 1 GG könnte als kollidierendes Verfassungsrecht die pädagogische Freiheit des Lehrers an der gymnasialen Oberstufe zulässig einschränken. Es handelt sich dabei um eine verfassungsrechtliche Vorschrift, die den gesamten Schulbereich unter die Aufsicht des Staates stellt und kein einfacher Programmsatz ist, sondern unmittelbar geltendes Verfassungsrecht darstellt; sie beinhaltet auch die Gewährleistung und institutionelle Garantie der Funktionstüchtigkeit der Schule und damit das grundsätzliche Recht des Staates, Lerninhalte für den Unterricht festzulegen. An dieser Stelle wird deutlich, dass die von den Kritikern einer grundrechtlichen Verankerung der pädagogischen Freiheit befürchtete völlige Gleichbehandlung von Lehrerrechten und Hochschullehrerrechten nicht eintritt. Art. 7 Abs. 1 GG eröffnet die Möglichkeit, im Rahmen des Art. 5 Abs. 3 GG sachgerecht zwischen der Lehrfreiheit an Universität und gymnasialer Oberstufe zu differenzieren. Es gilt nun das Spannungsverhältnis, in dem pädagogische Lehrerfreiheit und staatliche Schulaufsicht zueinander stehen, zu einem möglichst schonenden Ausgleich zu bringen. Darin sind sich alle Autoren, auch diejenigen, die die pädagogische Freiheit des Lehrers nicht grundrechtlich verankert sehen, einig.[146]

a) Auswirkungen auf das Schulbuchzulassungsverfahren

Die grundsätzliche Kompetenz der Schulaufsichtsbehörde zur Festlegung von Erziehungszielen ist unbestritten.[147] Diese Kompetenz ergibt sich aus Art. 7 Abs. 1 GG, wonach der Staat die Grundentscheidungen über die Bildungs- und

---

[145] BVerfGE 30, 173 (191 f.).

[146] Eiselt, DÖV 1981, 821 (825); Niehues, Schulrecht, Rz 511 ff.; Bleckmann, Staatsrecht II, Rz 135.

[147] Bryde, DÖV 1982, 661 (668); Staff, DÖV 1970, 594 (630); Niehues, Schulrecht, Rz 474 ff.

Erziehungsziele festzulegen hat, an die der Lehrer, auch aufgrund seiner beamtenrechtlich geprägten Stellung, gebunden ist. Dabei sollte es sich um abstrakte Zielbestimmungen handeln, da dem Lehrer die Detailgestaltung, insbesondere im Hinblick auf Methodik und Didaktik, obliegt; Einschränkungen sind hier nur in einem engeren Rahmen möglich.[148]

Bewegt sich das Schulbuchzulassungsverfahren in diesem Rahmen? Wenn dadurch Aufgaben und Kompetenzen des Lehrers an der gymnasialen Oberstufe beschränkt werden, die zum Kern seiner pädagogischen Freiheit gehören, ist der Restbestand seiner pädagogischen Verantwortung nicht mehr gewährleistet. Im Zulassungsverfahren werden Lernmittel auf ihre Eignung für den Schulgebrauch überprüft. Erstes Prüfkriterium ist die Rechtsordnungskonformität. Die Vorprüfung auf die Verfassungs- und Gesetzmäßigkeit des Buchinhalts greift nicht in die pädagogische Freiheit des Lehrers ein, methodische oder didaktische Fragen spielen hierbei keine Rolle.

Weitere Prüfkriterien sind die Lehrplan- und Richtlinienkonformität. In den meisten Bundesländern wird das Schulbuch daraufhin geprüft, ob es mit den Zielen dieser Pläne und Richtlinien übereinstimmt. Berlin, Niedersachsen, Rheinland-Pfalz, Sachsen-Anhalt und Schleswig-Holstein stellen weniger strenge Anforderungen an die Lehrplan- und Richtlinienkonformität eines Schulbuchs. Hier reicht eine Übereinstimmung im Wesentlichen aus. Die Ablehnung eines Schulbuchs kann auf der fehlenden Lehrplan- und Richtlinienkonformität beruhen. Die Hauptaufgabe des Lehrers ist, die im Lehrplan festgelegten Lerninhalte an die Schüler zu vermitteln. Das sollte durch die möglichst freie Auswahl des Unterrichtsmaterials, das der Lehrer für die Stoffvermittlung als am besten geeignet ansieht, gewährleistet werden. Eine völlige Übereinstimmung von Lehrplan und Buchinhalt sollte neben Überlegungen bezüglich des Grundrechtsschutzes des Verlags auch aus diesem Grunde keine Voraussetzung für die Zulassung eines Schulbuchs sein. Darauf haben einige Bundesländer mit der Regelung, dass eine Übereinstimmung „im Wesentlichen" ausreicht, reagiert. Trotzdem hat der Lehrer keinen Anspruch auf Zulassung eines bestimmten Schulbuchs. Umgekehrt kann er sich auch nicht gegen die Nichtzulassung eines Schulbuchs wegen mangelnder Lehrplan- und Richtli-

---

[148] von Münch, DVBl. 1964, 789 (795); Perschel, DÖV 1970, 34 (39); In diesem Sinne sind auch die Ausführungen in BVerfGE 47, 46 (83) zu verstehen.

nienkonformität wenden. Lernziel- und Lernstoffvorgaben schränken die pädagogische Freiheit des Lehrers erst dann über Gebühr ein, wenn der Lehrer nicht mehr die Freiheit der Aufbereitung und Darbietung des Stoffes und der Wahl von Lehrmethoden und Lehrmitteln hat.[149]

Dadurch, dass das Kultusministerium in jedem Fach mehrere Schulbücher für die Verwendung an der Schule zulässt, ist gewährleistet, dass eine Auswahlmöglichkeit zwischen diesen unterschiedlichen zugelassenen Lernmitteln auf der Schulebene in ausreichendem Maße besteht. Art. 7 Abs. 1 GG vermittelt dabei der Zulassungsbehörde das Recht, eine Vorprüfung und -auswahl anhand des Kriteriums der Lehrplan- und Richtlinienkonformität vorzunehmen. Die Freiheit der Lernmittelwahl wird dadurch in einem zulässigen Umfang begrenzt. Art. 7 Abs. 1 GG als kollidierendes Verfassungsrecht schränkt Art. 5 Abs. 3 GG damit in einem Ausmaß ein, welches das Recht des Lehrers auf pädagogische Freiheit im Unterricht an der gymnasialen Oberstufe in seinem Kernbestand wahrt.

Dass sich ein Schulbuch an dem weiteren Eignungskriterium der Orientierung an gesicherten Erkenntnissen der Fachwissenschaft messen lassen muss, also anders formuliert, keine falschen Tatsachen vermitteln darf, ist offensichtlich. Gegen eine dahingehende Vorprüfung durch die Schulaufsichtsbehörde ist nichts einzuwenden, die pädagogischen Aufgaben des Lehrers werden davon nicht berührt. Umgekehrt muss dann aber auch gelten, dass der Lehrer ein Schulbuch, das nachweislich veraltet ist, neue Erkenntnisse außer Acht lässt und damit falsche Tatsachen enthält, auch wenn es zugelassen und eingeführt ist, nicht verwenden muss.[150] Hier erlaubt ihm seine grundrechtlich abgesicherte pädagogische Freiheit, sich gegen die Verwendung des Schulbuchs zu stellen. Weitere Prüfkriterien, insbesondere Angemessenheit des Preises und Freiheit von Werbehinweisen berühren den Lehrer in seiner pädagogischen Freiheit nicht, insoweit ist die Eignungsprüfung im Zulassungsverfahren unbedenklich.

Grundsätzlich ist die Durchführung eines Schulbuchzulassungsverfahrens also zulässig. Insoweit wird die pädagogische Freiheit des Lehrers, die gemäß Art. 5

---

[149] Siehe dazu für den Bereich der Hochschulen VGH Mannheim, NVwZ 1985, 667 (669)

[150] So auch Staff, DÖV 1969, 627 (630), die sich in ihren Ausführungen aber auf naturwissenschaftliche Bücher beschränkt.

Abs. 3 GG in bezug auf den Unterricht an der gymnasialen Oberstufe geschützt ist, wirksam durch Art. 7 Abs. 1 GG als kollidierendes Verfassungsrecht beschränkt.

b) Auswirkungen auf das Einführungsverfahren

Bislang ging es um die Frage nach der Zulässigkeit des Zulassungsverfahrens. Darüber hinaus könnte auch die Einführung eines zugelassenen Schulbuchs an der Schule den Lehrer in seiner pädagogischen Freiheit beeinträchtigen.

Die Rechtsprechung verneint diese Frage. Der Lehrer sei an das Benutzungsgebot gebunden, ihm verbleibe aber der notwendige Restbestand pädagogischer Verantwortung, denn in welchem Umfang das eingeführte Buch von ihm benutzt werde, stehe weiter in seinem eigenen Ermessen.[151] Ob der Kern der pädagogischen Freiheit des Lehrers auch bei einem Benutzungsgebot eines eingeführten Schulbuchs gewahrt ist, hängt wesentlich davon ab, ob er auf die Entscheidung über die Einführung Einfluss nehmen kann. Zunächst stehen also Fragen der Verfahrensausgestaltung im Vordergrund.

In den einzelnen Ländern sind die Kompetenzzuweisungen hier unterschiedlich. Generell lässt sich aber sagen, dass die Entscheidung über die Einführung von den zuständigen Fach-, Gesamt- oder Lehrerkonferenzen getroffen wird. Die pädagogische Freiheit des Lehrers an der gymnasialen Oberstufe könnte zu der Forderung führen, dem einzelnen Lehrer die Entscheidung über die Verwendung eines zugelassenen Schulbuchs zu überlassen. Solche Überlegung können in Zukunft bei der Gestaltung der Schulbuchzulassungsbestimmungen auch mit einbezogen werden.[152] Es ist allerdings davon auszugehen, dass die Übertragung der Kompetenz zur Entscheidung über die Einführung eines Schulbuchs zulässigerweise auf Fach-, Lehrer- oder Gesamtkonferenzen übertragen ist. Dies gilt jedenfalls dann, wenn diese Schul-, Gesamt- oder Fachkonferenzen in einem Umfang mit Lehrern besetzt sind, die es diesen ermöglicht, die Einführungsentscheidung im Wesentlichen mitzubestimmen.[153] Nach den Vorschriften über die

---

[151] OVG Lüneburg, RdJB 1994, 147 (150); im Anschluß BVerwG NVwZ 1994, 583 ff.

[152] Siehe dazu Nr. 5.1 S. 2 SchbVwV RhP, dort entscheidet, falls eine Fachkonferenz an der Schule nicht existiert, die Lehrkraft selbst.

[153] Bryde, Gutachten, S. 51.

Besetzung und die Kompetenzen der Fachkonferenzen in den Landesschulgesetzen bestehen die Fachkonferenzen aus allen Lehrern, die in diesem Lehrfach
an einer Schule unterrichten. Innerhalb dieses Gremiums hat der einzelne Ober-
stufenlehrer die Möglichkeit, an der Entscheidungsfindung bei der Einführung
teilzunehmen und sie zu beeinflussen. Das gleiche gilt auch für die Gesamtkonferenz. Ihre Mitglieder sind alle Lehrer, die an einer Schule unterrichten. Die
Übertragung auf die Konferenzebene hat daher Gründe der Praktikabilität und
Gewährleistung einer einheitlichen Benutzungspraxis unter Wahrung der
Rechte zur Einflussnahme durch die einzelne Lehrkraft für sich. Zudem hat der
Lehrer auch die Möglichkeit, Art und Umfang der Arbeit mit dem Schulbuch als
hauptsächlich einzusetzendes Lernmittel eigenverantwortlich zu bestimmen, so
dass auch dadurch seine pädagogische Freiheit nicht leer läuft.[154] Trotz des Be-
nutzungsgebots eines eingeführten Schulbuchs verbleibt ihm in diesem Rahmen
die eigenverantwortliche Entscheidung, wie diese Benutzung im einzelnen aussehen soll.

Zulassungs- und Einführungsverfahren greifen zwar in die durch Art. 5 Abs. 3
GG geschützte pädagogische Freiheit des Lehrers in der Sekundarstufe II ein,
diese Eingriffe sind aber aufgrund der durch Art. 7 Abs. 1 GG als kollidierendes
Verfassungsrecht vermittelten Kompetenzen der Kultusministerien verfassungsrechtlich gerechtfertigt.

Weitere Grundrechtsverletzungen von Rechtspositionen des Lehrers (Art. 12 I,
2 I GG) kommen wegen Subsidiarität nicht in Betracht.

IV. Eltern

Mit der Einschulung kommen Kinder in eine in der Regel staatlich organisierte
Institution, welche die Aufgabe hat, sie auszubilden und zu erziehen. Die Erziehung liegt also spätestens ab diesem Zeitpunkt nicht mehr nur in den Händen
der Eltern, sondern auch in denen der Schule. Schulbücher haben dabei die
Funktion, Erziehungs- und Bildungsinhalte, die der Staat für wesentlich hält, im
Unterricht und unterrichtsbegleitend zu vermitteln. Wenn der Schulbuchinhalt
und seine Darstellung mit den elterlichen Erziehungsmaßstäben nicht überein-

---

[154] Insoweit ist der Argumentation des OVG Mannheim, RdJB 1994, 147 (150) zu folgen.

stimmen, kann es zu Konflikten kommen, die sich möglicherweise darin äußern, dass Eltern sich gegen die Verwendung eines zugelassenen und eingeführten Schulbuches wenden. Inwieweit sie sich dabei auf grundrechtlich geschützte Rechtspositionen berufen können, soll im Folgenden geklärt werden.

Der Schutzbereich des in Art. 6 Abs. 2 S. 1 GG verbrieften Elternrechts könnte betroffen sein.

1. Schutzbereich des Art. 6 Abs. 2 S 1 GG

a) Persönlicher Schutzbereich

Auf das Elternrecht des Art. 6 Abs. 2 S. 1 GG können sich leibliche Eltern und Adoptiveltern berufen.[155] Da es sich nicht um ein Bürger-, sondern um ein Menschenrecht handelt, kommt es auf die Staatsangehörigkeit der Eltern nicht an.

b) Sachlicher Schutzbereich

Das Elternrecht umfasst die Erziehung, das heißt die Sorge für die seelische und geistige Entwicklung, die Bildung und Ausbildung der minderjährigen Kinder, wobei es sich auch auf die Ausbildung in der Schule bezieht.[156]

Das Schulbuch hat eine Erziehungsfunktion, da es bestimmte Wissensinhalte und darüber hinaus auch gesellschaftliche Zusammenhänge und Weltanschauungen vermitteln soll. Die Verwendung eines Schulbuches betrifft daher den Erziehungsbereich, dessen Verwirklichung das natürliche Recht der Eltern ist.[157] Die Entscheidung über Erziehungsziele, Erziehungsmittel und -methoden, die sich auch in der Verwendung eines bestimmten Schulbuches äußern kann, fällt damit in den sachlichen Schutzbereich des Art. 6 Abs. 2 S. 1 GG.

---

[155] BVerfGE 24, 119 (150); Auch Eltern nichtehelich geborener Kinder sind geschützt, BVerfGE 24, 119 (135); 79, 203 ff.; 92, 158 ff.

[156] Jarass/Pieroth, GG, Art. 6, Rz 32 unter Verweis auf BVerfGE 34, 165 (183); Coester-Waltjen in: von Münch/Kunig, GGK I, Art. 6, Rz 63.

[157] Das Grundrecht normiert aber auch eine Pflicht der Eltern zur Ausübung des Erziehungsrechts und ist damit überhaupt als Schutzvorschrift zum Wohl des Kindes zu verstehen.

2. Eingriff

Ein staatlicher Eingriff in das Elternrecht könnte darin liegen, dass im Schulbuchzulassungsverfahren und in dem sich daran anschließenden Einführungsverfahren an der Schule, die Verwendung eines bestimmten Schulbuches beschlossen wird, mit dessen Inhalt und methodischem, didaktischem und pädagogischem Ansatz einzelne Eltern nicht einverstanden sind, weil sie ihren eigenen Erziehungsmaßstäben und -prinzipien widersprechen.

Das Schulbuchzulassungsverfahren beinhaltet eine inhaltliche Vorprüfung des Schulbuches auf seine grundsätzliche Eignung für den Unterrichtsgebrauch. Da Eltern jedenfalls keinen Anspruch auf die Zulassung eines bestimmten Schulbuches haben, scheidet ein Eingriff in Art. 6 Abs. 2 S. 1 GG durch die Nichtzulassung eines Schulbuches von vornherein aus.[158]

Die Vorprüfung im Zulassungsverfahren wird in aller Regel den Interessen der Eltern entsprechen, da jugendgefährdende, verfassungswidrige und sonst ungeeignete Schulbücher schon an der Zulassungshürde scheitern. Jedenfalls ist die Eingriffsqualität aber deshalb zu verneinen, weil es an einer konkreten Beeinträchtigung der elterlichen Grundrechte fehlt. Durch die Zulassung eines Schulbuches werden Eltern nicht direkt betroffen, denn erst die Entscheidung für die Verwendung eines bestimmten Schulbuches in der Klasse ihres Kindes kann Auswirkungen auf ihr Erziehungsrecht haben. Erst jetzt können Eltern durch den spezifischen Inhalt dieses Schulbuches in ihrem Erziehungsrecht verletzt sein. In der Entscheidung über die Einführung eines Schulbuchs an der Schule ist daher ein Eingriff in den Schutzbereich des Art. 6 Abs. 2 S. 1 GG zu sehen.

3. Verfassungsrechtliche Rechtfertigung

a) Schranken

aa) Staatliches Wächteramt

Art. 6 Abs. 2 S. 2 GG bestimmt, dass über die Betätigung des Elternrechts aus Satz 1 die staatliche Gemeinschaft wacht. Eingriffe, die aufgrund dieses staatlichen Wächteramtes erfolgen, sind daher rechtmäßig. Das Eingreifen des Wäch-

---

[158] Siehe dazu Preuß, RdJB 1976, 267; Niehues, Schulrecht, Rz 587; BayVerfGH, NVwZ 1987, 215.

ters setzt allerdings ein objektives Versagen der Eltern voraus.[159] Maßnahmen im Sinne des Art. 6 Abs. 2 S. 2GG sind daher immer eine Folge elterlichen Missbrauchs oder Versagens, darüber hinaus ist das Wächteramt nur für die außerschulische Erziehung durch die Eltern relevant.[160]

Die Einführung eines bestimmten Schulbuches an einer Schule genügt diesen Voraussetzungen, die das Wächteramt an einen Grundrechtseingriff knüpft, nicht. Um das elterliche Versagen bei der Kindeserziehung geht es hier jedenfalls nicht, so dass Art. 6 Abs. 2 S. 2 GG als Eingriffsrechtfertigung nicht greift.

bb) Kollidierendes Verfassungsrecht – Art. 7 Abs. 1 GG

Allerdings hat der Staat im Rahmen seiner Schulhoheit (Art. 7 Abs. 1 GG) und dem darin enthaltenen Erziehungsauftrag neben dem staatlichen Wächteramt eine weitere Rechtfertigungsmöglichkeit für Eingriffe in das grundrechtlich geschützte Elternrecht.[161] Innerhalb des Schulbereiches ist er nicht auf das Wächteramt des Art. 6 Abs. 2 S. 2 GG beschränkt, Art. 7 Abs. 1 GG gibt ihm dieser ein eigenes Recht zur Kindeserziehung.[162] Zwar spricht Art. 6 Abs. 2 S. 1 GG davon, dass die Erziehung die zuförderste Pflicht (und das Recht) der Eltern ist und hebt damit deren besondere Stellung hervor. Das staatliche Erziehungsrecht aus Art. 7 Abs. 1 GG steht jedoch nach herrschender Meinung und laut Rechtsprechung des *Bundesverfassungsgerichts* im Schulbereich gleichrangig neben dem Erziehungsrecht der Eltern.[163] Der Staat ist daher in der Schule bei der Ver-

---

159 Maunz in: MDHS, GG, Art. 6, Rz 26 b) unter Verweis auf BVerfGE 10, 59 (83 ff.).

160 Schmitt-Kammler in: Sachs, GG, Art. 6, Rz 67; Maunz in: MDHS, GG, Art. 6, Rz 27 hält dagegen auch für Maßnahmen im schulischen Bereich einen Rückgriff auf das Wächteramt für möglich.

161 Pieroth/Schlink, Grundrechte, Rz 658; Lecheler in: Sachs, GG, Art. 7, Rz 23; Jarass/Pieroth, GG, Art. 6, Rz 32 am Ende.

162 BVerfGE 34, 165 (183).

163 Siehe dazu stellvertretend: Coester-Waltjen in: von Münch/Kunig, GGK I, Art. 6, Rz 35; Jarass/Pieroth, GG, Art. 7, Rz 5; Kannengießer in: Schmidt-Bleibtreu/Klein, GGK, Art. 6, Rz 8; Oppermann, Gutachten C, S. C 99; Ständige Rechtsprechung des Bundesverfassungsgerichts, siehe dazu: BVerfGE 34, 165 (183); 41, 29 (44); 47, 46 (72); 52, 223 (236); 59, 360 (385); 93, 1 (21); anderer Ansicht siehe Lecheler in: Sachs, GG, Art. 7, Rz 36, der Art. 7 Abs. 1 GG als lex specialis zu Art. 6 Abs. 2 S. 1 GG ansieht, so dass das elterliche Erziehungsrecht sich nicht auf den schulischen Bereich erstrecke.

folgung eigener Erziehungsziele grundsätzlich unabhängig von den Eltern.[164] Insoweit besteht ein Spannungsverhältnis und ein daraus resultierendes Konfliktpotential, wenn elterliche und staatliche (das heißt schulische) Erziehungsziele in wesentlichen Punkten nicht übereinstimmen. Solche Konflikte sind in der Vergangenheit auch im Zusammenhang mit der Einführung von Schulbüchern aufgetreten, gegen deren Verwendung sich einzelne Eltern wegen ihres abweichenden Erziehungsverständnisses zum Teil auch gerichtlich gewehrt haben. Entsprechende Konflikte zwischen elterlichem und staatlichem Erziehungsauftrag sind nach dem Prinzip der praktischen Konkordanz zu lösen, nach dem die sich gegenüberstehenden Interessen und Rechtspositionen im Einzelfall zu einem möglichst schonenden Ausgleich zu bringen sind; dabei ist es eine Frage des Einzelfalls, welche Verfassungsbestimmung im konreten Fall den Vorrang haben soll.[165]

Diese Güterabwägung im Einzelfall muss allerdings unter Berücksichtigung des Neutralitäts- und Toleranzgebots erfolgen, dem der Staat bei der Unterrichtsgestaltung unterliegt.[166] Wie sich das Neutralitäts- und Toleranzgebot im Bereich der Schulbuchzulassung auswirkt, hat das *Bundesverwaltungsgericht* in der Vergangenheit für zwei Schulbücher entschieden, gegen deren Benutzung im Schulunterricht sich Eltern auf dem Klageweg gewendet hatten.[167] Das grundsätzlich bestehende staatliche Recht zu Unterrichtsgestaltung, das die Auswahl der zu verwendenden Schulbücher umfasst[168], verletzt dann das Gebot staatlicher Neutralität und Toleranz, wenn Unterrichtsinhalte oder -gestaltung einen indoktrinierenden Charakter haben.[169] Das Neutralitäts- und Toleranzgebot wird vom *Bundesverwaltungsgericht* somit spiegelbildlich als Indoktrinationsverbot interpretiert. Unterrichtsinhalte, die sich unterhalb dieser „Indoktri-

---

[164] BVerfGE 47, 46 (72); 93, 1 (21).

[165] BVerfGE 34, 165 (183); 93, 1 (21); Fehnemann, DÖV 1978, 489 (494); Pieroth, DVBl. 1994, 949 (951); Jestaedt in BK, Art. 6, Rz 341 f.; Kannengießer in: Schmidt-Bleibtreu/Klein, GGK, Art. 7, Rz 11 b).

[166] Fehnemann, DÖV 1978, 489 (494).

[167] BVerwG 79, 298 ff.; Parallel dazu BVerwGE NVwZ-RR 1990, 18 ff.; Siehe dazu auch die Nichtannahmebeschlüsse des Bundesverfassungsgerichts, BVerfG, NVwZ 1990, 54; Beschluss des BVerfG vom 09.02.1989, Az. 1 BvR 1181/88 (nicht veröffentlicht).

[168] Hemmrich in: von Münch/Kunig, GGK I, Art. 7, Rz 8a.

[169] BVerwGE 79, 298 (301); Siehe auch OVG Schleswig-Holstein, Urteil vom 24. April 1998, Az 3 L 250/96.

nationsschwelle" bewegen, liegen danach innerhalb des Ermessensspielraums, der der Schule bei Stoffauswahl und Unterrichtsgestaltung eingeräumt wird, ohne dass das elterliche Erziehungsrecht unzulässig berührt würde. Die bestehende Vielfalt gesellschaftlicher Meinungen drückt sich nach Ansicht des *Bundesverwaltungsgerichts* in verschiedenen pädagogisch-didaktischen Grundkonzeptionen aus, die wesensgemäß (bildungs-)politisch fundiert seien.[170] Die didaktisch-pädagogische Orientierung des Schulbuches sei nämlich für die juristische Frage der Indoktrination gleichgültig. Als rechtlicher Maßstab für die Beurteilung sei sie ungeeignet, da sich aus dem Grundgesetz selbst kein Vorrang eines bestimmten Erziehungskonzepts herauslesen lasse. Nur Schulbücher, die versuchten, Schüler in einer bestimmten Weise zu indoktrinieren, dürften daher weder zugelassen noch zur Benutzung eingeführt werden.[171] Dann könne es auch nicht mehr darauf ankommen, ob der einzelne Lehrer diesen inhaltlichen Eignungsmangel durch gegenläufige, ausgleichende Unterrichtsgestaltung beheben könne: An der Ungeeignetheit des eigentlichen Prüfungsgegenstandes, dem Schulbuch, könne sich dadurch nichts ändern.[172]

In der Literatur wurde die Entscheidung des *Bundesverwaltungsgerichts* teilweise ablehnend kommentiert. *Richter*[173] kritisiert vor allem die gerichtliche Einschätzung, dass auch extreme pädagogische Konzeptionen als notwendig bildungspolitisch fundierte Grundüberzeugungen Schulbuchinhalt sein könnten, selbst wenn das zur Unausgewogenheit des Schulbuchinhalts führe. Er hält dagegen, dass dem Neutralitäts- und Toleranzgebot des Staates nur dann Genüge getan werde, wenn Unterrichtsinhalte „unmechanisch" ausgewogen seien und nicht den jeweiligen politischen Mehrheiten ausgeliefert würden. Das Gebot staatlicher Neutralität und Toleranz dürfe daher nicht auf ein Indoktrinationsverbot reduziert werden, vielmehr müsse bei der Prüfung von Schulbuchinhalten auch eine Untersuchung ihrer Ausgewogenheit oder Einseitigkeit erfolgen.[174]

---

170 BVerwGE 79, 298 (303).
171 BVerwGE 79, 298 (305).
172 BVerwGE 79, 298 (308); Hemmrich in: von Münch/Kunig, GGK I, Art. 7, Rz 8a.
173 Richter, DÖV 1989, 315 ff., als Anmerkung zu BVerwGE 79, 298.
174 Richter, Anmerkung, DÖV 1989, 315 (316).

Auch *Jestaedt* hält die Auslegung des Neutralitäts- und Toleranzgebots durch das *Bundesverwaltungsgerichts* als Indokrinationsverbot für Fragen der Schulbuchzulassung im wesentlichen für verfehlt.[175] Der Begriff der Indoktrination im Sinne einer unzulässigen Beeinflussung, bei dem es sich um keinen Rechtsbegriff handele, sei als Abgrenzungskriterium für die Zulässigkeit von Schulbuchinhalten zu unbestimmt und damit konturenlos. Dasselbe gelte auch für das Gebot staatlicher Neutralität und Toleranz selbst, das den Umfang zulässiger Beeinflussung ebenfalls nicht konkret bestimme und damit als Maßstab für Fragen der Schulbuchinhalte grundsätzlich untauglich sei. Prüfungsmaßstab seien Normen des Grundgesetzes, das nicht grundsätzlich wertfrei sei, sondern durchaus „einen Kernbereich von Normen als verpflichtende Wertsetzungen" festlege.[176] Diese Verfassungsessenz entspreche der freiheitlichdemokratischen Grundordnung, die durch die staatliche Erziehung zulässigerweise vermittelt werden dürfte oder sogar müsste. Darüber hinaus sei in der Schule eine aktive und offene Parteinahme den Schülern gegenüber unzulässig. Im Verhältnis zu den Rechten der Eltern bedeutet dies *Jestaedt* zufolge, dass es dem Staat aufgrund seiner besonderen Schutzpflichten der Familie gegenüber verboten sei, durch Anwendung von Erziehungsmethoden, die die Emanzipation des Kindes von den Eltern förderten, einen Keil zwischen Eltern und Kind zu treiben; dasselbe gelte auch für blind autoritätshörige Erziehungsprogramme.[177] Fazit dieser Ansicht ist, dass der Schulverwaltung allein die pädagogisch-didaktischen Unterrichtsinhalte, also erziehungstechnische Fragen obliegen, erziehungsinhaltliche Fragen dürften in der Schule dagegen keine größere Rolle spielen.

cc) Eigener Lösungsvorschlag

Das Gebot staatlicher Neutralität und Toleranz im Sinne eines Indoktrinationsverbotes ist durch das *Bundesverwaltungsgericht* zu Recht als Prüfungsmaßstab für Schulbuchinhalte herangezogen worden. In seinem Nichtannahmebeschluß über eine Verfassungsbeschwerde[178], die nach Ausschöpfung des Verwaltungsrechtsweges erhoben werden sollte, hat das *Bundesverfassungsgericht* die ver-

---

[175] Jestaedt JZ 1989, 140 ff., als Anmerkung zu BVerwGE 79, 298.

[176] Jestaedt, Anmerkung, JZ 1989, 140 (142).

[177] Jestaedt, Anmerkung, JZ 1989, 140 (142).

[178] BVerfGE, NVwZ 1990, 55 ff.

botene Indoktrination als gezielte Beeinflussung oder Agitation im Dienste einer bestimmten politischen, ideologische oder weltanschaulichen Richtung definiert, die damit über die Vermittlung von Werten zu Erziehungszwecken hinausgeht.[179] Ein Verfassungsverstoß gegen Elternrechte ist danach nur anzunehmen, wenn elterlichen Erziehungszielen kein Raum mehr bleibt, weil ihnen durch eine Wertevermittlung mit Absolutheitsanspruch entgegengewirkt wird. Damit werden konkrete Abgrenzungskriterien benannt, die zur Unterscheidung von zulässiger und unzulässiger schulischer Einflussnahme auf die Schüler durchaus geeignet sind.

Forderungen nach einer Prüfung der Ausgewogenheit eines Schulbuches oder gar nach Schulbüchern, die sich nur mit „erziehungstechnischen" Fragen beschäftigen, sind gar nicht zu erfüllen. Diese Anforderungen laufen darauf hinaus, dass an staatlichen Schulen wert- und meinungsneutrale Lernmittel im Unterricht verwendet werden sollen, die sich ausschließlich mit Fragen der Wissensvermittlung beschäftigen. Ein Unterricht ist jedoch per se nicht meinungsneutral denkbar, da gerade in gesellschaftswissenschaftlichen Unterrichtsfächern wie Politik, Geschichte und Philosophie die inhaltliche Auseinandersetzung mit verschiedenen Meinungen und Weltanschauungen Kern des Unterrichts ist. Widersprüche zwischen elterlichen und schulischen Erziehungszielen, -mitteln und Erziehungsmethoden sind nicht vollständig auszuschließen und zu vermeiden. Darum sollte es auch nicht gehen. Denn die Vermittlung von Lerninhalten, die mit dem elterlichen Willen nicht deckungsgleich sind, führt – wenn sie nicht indoktrinierend erfolgt – nur dazu, dass der einzelne Schüler erkennt, dass es verschiedene Sichtweisen von Sachzusammenhängen gibt, die sich widersprechen können. Den Eltern bleibt selbstverständlich das Recht, in ihrer Erziehung den Einfluss auf ihre Kinder zu nehmen, den sie für richtig halten. Einen Anspruch darauf, dass der Schulunterricht sich nach ihrem Erziehungskonzept richtet, haben sie nicht.[180] Eine Auseinandersetzung und Diskussion über Lerninhalte gehört zur Erziehung hinzu und kann ihnen daher zugemutet werden.

---

[179] BVerfGE, NVwZ 1990, 55 (55).

[180] Siehe dazu auch Jarass/Pieroth, GG, Art. 7, Rz 5.

Zudem ist Maßstab für die Güterabwägung zwischen Art. 7 Abs. 1 und Art. 6 Abs. 1 GG , in welcher Intensität das Grundrecht der Eltern aus Art. 6 Abs. 1 GG beeinträchtigt wird.[181]

Der Erziehungsauftrag hat Vorrang vor dem Elternrecht, wenn die Erziehungsfrage infolge gesellschaftlicher Bezüge, die das Verhalten, zu dem erzogen werden soll, aufweist, wesentlicher Bestandteil des allgemeinen staatlichen Bildungs- und Erziehungsauftrags ist.[182]

Hierbei stellt sich die Frage, inwieweit durch die staatliche Erziehungsmaßnahmen die Befugnis der Eltern eingeschränkt wird, unter Ausschluss anderer Erziehungsträger ihre Wert- und Erziehungsvorstellungen zu vermitteln. Eine Aushöhlung des elterlichen Erziehungsrechtes findet danach durch die Verwendung von Schulbüchern, die einer bestimmten Erziehungsrichtung angehörten, nicht statt, solange es sich nicht um indoktrinierende Inhalte handelt, die den elterlichen Erziehungseinfluss vollständig untergraben.

Die Entscheidung über die Einführung und Verwendung von Lernmitteln schränkt daher das Elternrecht des Art. 6 Abs. 1 GG im Rahmen von Art. 7 Abs. 1 GG zulässig ein, solange die jeweiligen Schulbuchinhalte keinen indoktrinierenden Charakter haben. Art. 7 Abs. 1 GG hat damit als kollidierendes Verfassungsrecht Vorrang vor Art. 6 Abs.1 GG. Da eine Verletzung von Schranken-Schranken nicht vorliegt, ist der durch die Schulbucheinführung und -verwendung erfolgende Eingriff in das Elternrecht des Art. 6 Abs. 1 GG verfassungsrechtlich gerechtfertigt und in den Grenzen des Indoktrinationsverbots zulässig.

V. Schüler

Durch das Zulassungsverfahren als solches wird der Schüler nicht in seinem aus Art. 2 Abs. 1 GG ergebenden Recht auf allgemeine Handlungsfreiheit berührt, die Zulassungsentscheidung eröffnet der Schule nur die Möglichkeit, ein als geeignet befundenes Buch an der Schule zu benutzen. Für Eingriffe in das Recht des Schülers nach Art. 2 Abs. 1 GG durch die Einführung und Verwen-

---

181 Jestaedt in BK, Art. 6, Abs. 2, 3, Rz 344.
182 Jestaedt in BK, Art. 6, Abs. 2, 3, Rz 344.

dung eines zugelassenen Schulbuches gilt das zu den Elternrechten Gesagte. Der einzelne Schüler hat die Verwendung eines Schulbuches hinzunehmen, wenn es nicht gegen das Indoktrinationsverbot verstößt.[183] Ein solcher Eingriff in die grundrechtlich geschützte persönliche Handlungsfreiheit des einzelnen Schülers ist rechtmäßig.

---

[183] So auch OVG Schleswig-Holstein, Urteil vom 24. April 1998, Az 3 L 250/96.

D. Die Bedeutung des Gesetzesvorbehalts bei der Schulbuchzulassung

Die Schulbuchzulassung ist in den einzelnen Bundesländern unterschiedlich geregelt. (siehe oben Teil B.) Das betrifft neben dem Regelungsinhalt auch die Regelungsebene der jeweiligen Bestimmungen. Teilweise hat der Landesgesetzgeber die inhaltlichen Voraussetzungen der Schulbuchzulassung in einem formellen Gesetz (in der Regel dem jeweiligen Landesschulgesetz) mehr oder weniger genau festgeschrieben und gleichzeitig den Verordnungsgeber zur weiteren Regelung der Verfahrenseinzelheiten ermächtigt. In anderen Bundesländern existiert in dem jeweiligen Schulgesetz nur eine ganz allgemeine Ermächtigung zum Erlass von Verwaltungsvorschriften, aufgrund derer die Kultusminister die Verfahrensausgestaltung und die Voraussetzungen der inhaltlichen Eignungsprüfung der Schulbücher durch Verwaltungsvorschrift geregelt haben. Es stellt sich nun die Frage, wovon abhängt, ob eine bestimmte Materie – in unserem Fall die Schulbuchzulassung – gesetzlich geregelt werden muss.

I. Begriff und Reichweite des Gesetzesvorbehalts

In Art. 20 GG hat der Verfassungsgeber die Entscheidung über die wichtigsten strukturellen Merkmale der Bundesrepublik Deutschland getroffen. Ausdruck des rechtsstaatlichen Prinzips ist der Grundsatz der Rechtmäßigkeit der Verwaltung, der neben dem Vorrang auch den Vorbehalt des Gesetzes umfasst.[184]

Der Gesetzesvorbehalt besagt, dass die Verwaltung nur tätig werden darf, wenn sie sich dabei auf eine gesetzliche Ermächtigungsgrundlage stützen kann.[185] Eine gesetzliche Grundlage kann in einem formellen Parlamentsgesetz oder in einem materiellen Gesetz bestehen. Unter materiellen Gesetzen sind Rechtsverordnungen oder Satzungen zu verstehen, welche die Exekutive selbst erlässt und die auf einem formellen Gesetz als Ermächtigungsgrundlage beruhen.[186]

---

[184] Degenhart, Staatsrecht I, Rz 309 am Ende.
[185] Maurer, Verwaltungsrecht, § 6, Rz 3; Degenhart, Staatsrecht I, Rz 319.
[186] Degenhart, Staatsrecht I, Rz 320 f.

Hergeleitet wird der Vorbehalt des Gesetzes vielfach aus Art. 20 Abs. 3 GG.[187]
Dieser Grundsatz ist zwar nicht wörtlich aus Art. 20 Abs. 3 zu entnehmen, ist
aber notwendiger Bestandteil des Rechtsstaatsprinzips, da die Bindung der exe-
kutiven Staatsgewalt an das Gesetz leerliefe, wenn die Verwaltung ohne an gesetzliche Vorgaben gebunden zu sein, nach eigenem Ermessen handeln könnte.
Daher werden seine verfassungsrechtlichen Wurzeln oft auch im Rechtsstaats-
und Demokratieprinzip des Grundgesetzes und den Grundrechten verortet.[188]
Gemäß Art. 28 Abs. 1 GG haben diese Prinzipien auch für die verfassungsmä-
ßige Ordnung der einzelnen Bundesländer verbindliche Bedeutung.[189]

Fraglich ist nun, welche Reichweite der Gesetzesvorbehalt hat. Verfolgt man
die historische Entwicklung des Vorbehaltsprinzips, wird es zunächst im Kon-
stitutionalismus des 19. Jahrhunderts als Korrelat der Eingriffsverwaltung gesehen und auf Eingriffe in Freiheit und Eigentum des Einzelnen beschränkt.[190]
Auch wenn heute durch die Ausdehnung der Bedeutung der Leistungsverwal-
tung in der sozialstaatlichen Demokratie die Beschränkung der Geltung des Gesetzesvorbehalts auf die Eingriffsverwaltung vielfach als überholt angesehen
wird, gilt der Gesetzesvorbehalt weiterhin unstreitig für Eingriffsakte, also belastende Maßnahmen der Verwaltung.[191] Eine solche belastende Maßnahme
liegt immer dann vor, wenn das Verwaltungshandeln Grundrechte des einzelnen
berührt. Falls kein spezielles Freiheitsrecht betroffen ist, kommt jedenfalls der
Auffangtatbestand der allgemeinen Handlungsfreiheit des Art. 2 Abs. 1 GG in
Betracht, der Eingriffe in seinen Schutzbereich nur durch oder aufgrund eines
Gesetzes erlaubt und insoweit einen grundrechtlichen, einfachen Gesetzesvorbehalt enthält, der dem Prinzip des allgemeinen Gesetzesvorbehalts entspricht.
Der Gesetzesvorbehalt gilt danach bei Maßnahmen der Verwaltung, die den Be-
reich der Grundrechtsausübung betreffen, also grundrechtsrelevant sind.[192]

---

[187] Siehe BVerfGE 40, 237 (248); 49, 89 (126); 77, 170 (230), Rehborn, Schulbuchzulassung, S. 67; Löhning, S. 16.

[188] BVerfGE 40, 237 (249); 45, 400 (417 f.); 47, 46 (78), 49, 89 (126); BVerwGE 47, 194
(197), NVwZ 1984, 65 ff.; Niehues, Schulrecht, Rz 91 f.; Maurer, Verwaltungsrecht, § 6,
Rz 4 ff.

[189] Siehe BVerfGE 47, 46 (81); BVerwGE 47, 194 (197).

[190] Maurer, Verwaltungsrecht, § 6, Rz 9.

[191] Degenhart, Staatsrecht I, Rz 319; Maurer, Verwaltungsrecht, § 6, Rz 12.

[192] Maurer, Verwaltungsrecht, § 6, Rz 12.

Dies gilt nach heutiger Ansicht auch und gerade auf dem Gebiet des Schulrechts, das früher als sogenanntes besonderes Gewaltverhältnis angesehen und deshalb vom Geltungsbereich des Gesetzesvorbehalts ausgenommen wurde.[193]

II. Geltung des Gesetzesvorbehalts für das Verfahren der Schulbuchzulassung und Schulbucheinführung

Für die Frage der Geltung des Gesetzesvorbehalts bei der Schulbuchzulassung kommt es daher entscheidend darauf an, ob das Zulassungsverfahren Grundrechte der Betroffenen berührt.

Dieses Verfahren wirkt sich, wie schon in Teil C. ausführlich dargestellt, auf die Rechtsstellung der Betroffenen in unterschiedliche Weise aus. Eltern und Schüler sind in ihrem Erziehungsrecht aus Art. 6 Abs. 2 GG beziehungsweise ihrem Recht auf persönliche Handlungsfreiheit betroffen.[194] Ihren Rechten steht der in Art. 7 Abs. 1 GG verbriefte staatliche Erziehungsauftrag gegenüber, auf dem das Schulbuchzulassungsverfahren fußt. Auch Verlag und Autor eines Schulbuches sind im Falle seiner Nichtzulassung in ihrem Grundrecht auf Pressefreiheit berührt, da das Herstellen und Verbreiten jedenfalls in den Schutzbereich dieses Grundrechts fällt.[195] Obwohl sie nicht in einem klassischen Schulverhältnis zum Staat stehen, wirkt sich das staatliche Genehmigungsverfahren auf ihre Grundrechte aus. Durch eine versagende Zulassungsentscheidung werden sie in der Möglichkeit, ihr Produkt auf dem dafür entscheidenden Markt zu vertreiben, eingeschränkt. Daran ändert auch die weiterhin uneingeschränkt bestehende Möglichkeit der Produktion und Verbreitung des Lernmittels außerhalb des Schulbereichs nichts.[196] Auch die Lehrer werden in ihrer pädagogischen Freiheit zur Unterrichtsgestaltung eingeschränkt, indem ihnen die Verwendung genehmigter und eingeführter Schulbücher vorgeschrieben

---

[193] BVerfGE 33, 1 (10 f.); 34, 165 (192 f.); Maurer, Verwaltungsrecht, § 6, Rz 19 ff.
[194] Siehe dazu oben unter C. IV., V.
[195] Siehe dazu oben unter C. I., II.
[196] So auch Birk, Festschrift für Oppermann, S. 47 (51 f.); Bryde, Gutachten, S. 18; in der Begründung anders Rehborn, Schulbuchzulassung, S. 74 f., 77, der zwischen schulrechtlichem und allgemeinem Gesetzesvorbehalt unterscheidet, letztendlich aber zum gleichen Ergebnis kommt.

wird.[197] Insoweit spielt sich das Schulbuchzulassungsverfahren in einem für die verschiedenen Beteiligten in unterschiedlichem Umfang grundrechtsrelevanten Bereich ab, wobei die Geltung des Gesetzesvorbehalts nicht von den Möglichkeiten der zulässigen Einschränkung der Grundrechte abhängt.[198] Dasselbe gilt auch für die Entscheidung über die Einführung eines Schulbuches an der Schule.

Die Geltung des Gesetzesvorbehaltes im Schulbuchzulassungsverfahren und -einführungsverfahren ist demnach zu bejahen. Da der Gesetzesvorbehalt als Rechtssatzvorbehalt zu verstehen ist, muss dieses Verfahren daher durch oder aufgrund eines formellen Gesetzes geregelt werden.

III. Die Wesentlichkeitstheorie des *Bundesverfassungsgerichts*

1. Wesentlichkeitstheorie und Parlamentsvorbehalt

Das Schulbuchzulassungsverfahren unterliegt einem Rechtssatzvorbehalt. Seine Regelung kann daher auch aufgrund eines Parlamentsgesetzes durch materielles Gesetz (Rechtsverordnung oder Satzung) erfolgen. Damit stünde es dem Gesetzgeber offen, die Exekutive im Rahmen des Art. 80 Abs. 1 S. 2 GG[199] zu ermächtigen, die einzelnen Sachfragen durch Rechtsverordnung selbst zu regeln und so die eigentlichen Sachentscheidungen an die Exekutive zu delegieren. Die Exekutive könnte auf diese Weise in größerem Umfang Aufgaben der Rechtsetzung wahrnehmen. Hier stellt sich die Frage, ob das Schulbuchzulassungsverfahren möglicherweise einem zum Parlamentsvorbehalt erstarkenden Gesetzesvorbehalt unterliegt, der den Gesetzgeber verpflichtet, bestimmte Sachfragen selbst durch Parlamentsgesetz zu regeln und damit als Rechtsfolge ein

---

[197] Siehe oben unter C. III., wobei die herrschende Meinung hierin keine Grundrechtsrelevanz sieht.

[198] Bryde, Gutachten, S. 18.

[199] Diese Vorschrift ist zwar nicht unmittelbar, aber aufgrund des rechtsstaatlichen und demokratischen Verfassungssystems als Grundsatz auch für die Landesgesetzgebung verbindlich, siehe dazu BVerfGE 58, 257 (277) unter Verweis auf BVerfGE 7, 244 (253) und 41, 251 (266).

zumindest partielles Delegationsverbot an die Exekutive nach sich ziehen wür-de.[200]

Das *Bundesverfassungsgericht* stellt seit den 1970er-Jahren unter Aufgabe der Unterscheidung zwischen Leistungs- und Eingriffsverwaltung[201] als entschei-dendes Kriterium für die Geltung des Parlamentsvorbehalts auf die **Wesent-lichkeit**[202] der zu treffenden Entscheidung ab. Danach muss der Gesetzgeber alle wesentlichen Entscheidungen selbst treffen und darf sie nicht der Exekutive überlassen.[203]

Die Wesentlichkeitstheorie beansprucht auch und gerade im Schulrecht Gel-tung[204], das traditionell als sogenanntes „Besonderes Gewaltverhältnis" weitge-hend dem Regelungsermessen der Verwaltung unterworfen war.[205] Klärungs-bedarf besteht zunächst hinsichtlich der Bedeutung des Wesentlichkeitsbegriffs. Denn dieser Begriff, der Dreh- und Angelpunkt für die Frage der Geltung des Parlamentsvorbehalts ist, erklärt sich nicht aus sich selbst, sondern ist als unbe-stimmter Rechtsbegriff definitionsbedürftig. Die Wesentlichkeitstheorie besagt, auf einen einfachen Nenner gebracht, dass bei wichtigen Entscheidungen der Gesetzgeber selbst regelnd tätig werden muss. Was also ist so wichtig, dass es „wesentlich" ist?

Laut *Bundesverfassungsgericht* richtet sich die Beantwortung dieser Frage zu-nächst ganz allgemein nach dem Grundgesetz. „Wesentlich" im grundrechtsre-levanten Bereich bedeutet danach „wesentlich für die Verwirklichung von

---

[200] Siehe dazu Staupe, S. 134 ff.

[201] BVerfGE 40, 237 (239); 47, 46 (78 f.); 49, 89 (126); 58, 257 (268); 77, 170 (230) jeweils mit weiteren Nachweisen.

[202] Siehe zur geschichtlichen Entwicklung des Wesentlichkeitsmerkmals Staupe, S. 106 ff.

[203] BVerfGE 34, 165 (192 f.); 40, 237 (249 f.); 41, 251 (259); 45, 400 (417 f.); 47, 46 (78 ff.); 48, 210 (221); 49, 89 (126 f.); siehe dazu und zu Fragen der Wesentlichkeitslehre allgemein Horn, Die grund-rechtsunmittelbare Verwaltung, S. 28 ff, S. 71.

[204] Siehe die wichtigsten Entscheidungen des Bundesverfassungsgerichts zur Wesentlich-keitstheorie im Schulrecht, BVerfGE 34, 165 (192 f.) – Einführung der Förderstufe in Hessen; 41, 251 (259 f.) – Speyer-Kolleg, 45, 400 (417 f.) – Neuordnung der gymnasia-len Oberstufe in Hessen; 47, 46 (78 f.) – Sexualkundeunterricht; 58, 257 (268) – Verset-zung/Schulentlassung.

[205] Wolff/Bachof/Stoher, § 101, Rz 53 ff.

Grundrechten".[206] Dem *Bundesverfassungsgericht* zufolge stehen im Schulverhältnis die Grundrechte von Eltern und Schülern in einem Spannungsverhältnis zum staatlichen Erziehungsauftrag des Art. 7 Abs. 1 GG. Wenn eine Abgrenzung zwischen Grundrechtspositionen erfolgen muss, handelt es sich danach um eine wesentliche Maßnahme, die dem Gesetzgeber vorbehalten ist.[207] Aus diesen Formulierungen geht jedoch nicht zweifelsfrei hervor, was die Wesentlichkeit einer Maßnahme so entscheidend von ihrer Grundrechtsrelevanz unterscheidet, dass sie nicht nur einen Rechtssatzvorbehalt, sondern einen weitergehenden Parlamentsvorbehalt konstituiert.[208]

Das *Bundesverfassungsgericht* hat in der Vergangenheit deutlicher zu dieser Frage Stellung genommen.[209] In dem schon zuvor zitierten Beschluss aus dem Jahre 1981 hatte das Gericht darüber zu entscheiden, inwieweit die Regelung der Voraussetzungen für den zwangsweisen Ausschluss eines Schülers aus der Schule und die Versetzung von einer Klasse in die nächste dem Gesetzesvorbehalt unterliegen.[210] Das Gericht kam zu dem Ergebnis, dass beide schulischen Maßnahmen dem Gesetzesvorbehalt im Sinne eines Rechtssatzvorbehaltes unterliegen, da sie die Grundrechtssphäre von Schülern berühren, also grundrechtsrelevant sind.[211] Die Wesentlichkeit wird für beide Maßnahmen allerdings unterschiedlich beurteilt: Der Schulausschluss ist danach eine sehr einschneidende Maßnahme, die Versetzung eine relativ weniger einschneidende Maßnahme. Aus dieser differenzierenden Beurteilung beider Sachverhalte folgert das Gericht weitergehend, dass Regelungen über die Versetzung dem Gesetzesvorbehalt genügen, wenn sie durch Rechtsverordnung erfolgen, der Gesetzgeber die Regelung der Sachfragen also in einer entsprechenden formell-gesetzlichen Ermächtigungsgrundlage an die Verwaltung delegiert.[212] Demgegenüber unterliegt die Regelung des Schulausschlusses aufgrund ihrer Wesentlichkeit den

---

[206] BVerfGE 47, 46 (79); so zuvor schon BVerfGE 34, 165 (192 f.); 45, 400 (418); siehe auch BVerfGE 58, 257 (269 f.).

[207] BVerfGE 58, 257 (269); BVerfGE 98, 218 (252) – Rechtschreibreform; so für den Bereich der Kunstfreiheit auch BVerfGE 83, 130 (142) mit weiteren Nachweisen.

[208] Siehe dazu Staupe, S. 120, IV. 3.3 am Anfang.

[209] BVerfGE 47, 46 (82 f.), entschiedener: BVerfGE 58, 257 (274 f.).

[210] BVerfGE 58, 257 ff.

[211] BVerfGE 58, 257 (274).

[212] BVerfGE 58, 257 (276).

über die Anforderungen des Gesetzesvorbehalts hinausgehenden Voraussetzungen des Parlamentsvorbehalts; das Parlament muss daher die Bestimmungen über den Schulausschluss selbst treffen und darf sie nicht der Verwaltung überlassen.[213]

Entscheidendes Merkmal für die Geltung des Parlamentsvorbehaltes ist danach der Grad der Betroffenheit, also die **Intensität**, mit welcher der Regelungsadressat durch die betreffende Bestimmung in seinen Grundrechten betroffen wird.[214] Die Prüfung der Grundrechtsintensität erfolgt in jedem Einzelfall „anhand der von der Rechtsprechung entwickelten Wesentlichkeitsmerkmale, was der parlamentarischen Willensbildung vorbehalten ist und was durch gesetzliche Ermächtigung dem Verordnungsgeber übertragen werden darf"[215]. Von der Beurteilung der Eingriffsintensität der Maßnahme als sehr einschneidend oder aber weniger einschneidend hängt ab, auf welcher Regelungsebene eine Bestimmung erfolgen muss. Während „die Grundrechtsrelevanz einer Regelung lediglich den Gesetzesvorbehalt im Sinne eines Rechtssatzvorbehalts begründet", ist ihre „Intensität für das Eingreifen des Parlamentsvorbehalts entscheidend".[216] Daraus folgt, dass Gesetzesvorbehalt und Parlamentsvorbehalt in einem Stufenverhältnis zueinander stehen. Das bedeutet, dass sich an die Prüfung, ob eine Maßnahme grundrechtsrelevant ist und damit dem Gesetzesvorbehalt unterliegt, eine zweite Prüfung anschließen muss, ob sie wesentlich ist, also eine grundrechtsintensive Maßnahme darstellt und damit dem Parlamentsvorbehalt unterfällt.

---

213 BVerfGE 58, 257 (275); Missverständlich ist insoweit jedoch BVerfGE 47, 46 (79): Danach entscheidet die Wesentlichkeit einer Maßnahme darüber, ob ihre Regelung dem Parlament vorbehalten bleiben muss oder zumindest nur aufgrund einer inhaltlich bestimmten parlamentarischen Ermächtigung ergehen darf. Der Wortlaut legt nahe, dass die Wesentlichkeit den Gesetzesvorbehalt im Sinne eines Rechtssatzvorbehalts, nicht aber einen Parlamentsvorbehalt begründet.

214 BVerfGE 41, 251 (260); 49, 89 (127); 58, 257 (274); VGH Mannheim, NJW 1987, 3274 (3275); so auch Jarass/Pieroth, GG, Art. 20, Rz 54; Niehues, Schulrecht, Rz 102; Umbach, Festschrift für Faller, S. 127, wonach für die Wesentlichkeit der Regelung auch ihre Bedeutung für die Allgemeinheit eine Rolle spielt.

215 BVerfGE 58, 257 (274).

216 Staupe, S. 121/133 mit weiteren Nachweisen.

a) **Die Wesentlichkeitstheorie in der Rechtsprechung des**
    Bundesverwaltungsgerichts **und in der Literatur**

aa) *Bundesverwaltungsgericht*

Das *Bundesverwaltungsgericht* nimmt in seinen wichtigsten Entscheidungen
zum Vorbehalt des Gesetzes im Schulwesen keine durchgängige Trennung von
grundrechtsrelevanten und grundrechtintensiven und damit wesentlichen Maßnahmen vor. An einer klaren Unterscheidung zwischen dem Gesetzesvorbehalt
im Sinne eines Rechtssatzvorbehalts und dem Parlamentsvorbehalt fehlt es hier.
Das Gericht geht im Vorlagebeschluss zum Sexualkundeunterricht und in seinem Urteil über die Einführung der Fünf-Tage-Woche mit dem *Bundesverfassungsgericht* davon aus, dass der Gesetzgeber im grundrechtsrelevanten schulischen Bereich die wesentlichen Entscheidungen selbst treffen muss.[217] Da die
lückenlose Regelung eines Sachbereichs aber weder sinnvoll noch möglich und
damit gar nicht erforderlich sei, könne die Ausführung der grundlegenden gesetzlichen Regelungen durch Rechtsverordnung und Verwaltungsvorschrift erfolgen, die sich jedoch auf eine – auch generalklauselartig formulierte –
Ermächtigungsgrundlage stützen müssten.[218] Diese Entscheidungen können im
Sinne einer Übereinstimmung mit der Rechtsprechung des *Bundesverfassungsgerichts* verstanden werden: Wesentliche Entscheidungen muss der Gesetzgeber
selbst treffen; die Regelung der Ausführung dieser wesentlichen Entscheidungen kann aber an die Exekutive übertragen werden.[219]

Anders sind jedoch die Entscheidungen über die Versetzung und die Pflicht-
fremdsprache zu verstehen[220]: Zwar wird auch dort vorausgeschickt, dass der
Gesetzgeber zur Regelung der wesentlichen Entscheidungen im Schulwesen
verpflichtet ist[221], eine Regelung der Grundzüge durch oder aufgrund eines ausreichend bestimmten formellen Gesetzes, also auch durch Rechtsverordnung

---

[217] BVerwGE 47, 194 (199); 47, 201 (203 f.).

[218] BVerwGE 47, 194 (199); 47, 201 (205).

[219] In diese Richtung weisen auch BVerwGE 65, 323 (325 f.); 68, 69 (72) – Zulässigkeit des
       Multiple-Choice-Verfahrens in Mediziner- und Pharmazeutenausbildung und BVerwG
       DVBl. 1998, 969 (970) – Zeugnisnoten.

[220] BVerwGE 56, 155 ff.; 64, 308 ff.

[221] BVerwGE 56, 155 (157); 64, 308 (310 f.).

oder Satzung, wird hier aber als ausreichend angesehen.[222] Die Wesentlichkeit einer Maßnahme löst danach nur einen Rechtssatzvorbehalt, nicht aber einen weitergehenden Parlamentsvorbehalt aus, der die Delegation wesentlicher Regelungen an den Verordnungsgeber ausschließen würde. Begründet wird diese von der Rechtsprechung des *Bundesverfassungsgerichts* abweichende Sichtweise des Gesetzes- beziehungsweise Parlamentsvorbehalts nicht.

bb) Literatur

In der Literatur wurde in der Vergangenheit immer wieder die Kritik geäußert, die Wesentlichkeitstheorie zeichne sich vor allem durch ihre Konturenlosigkeit und Unkonkretheit aus.[223] Daher wurden von einzelnen Autoren alternative Definitionsversuche gemacht, um die Voraussetzungen für das Bestehen eines Parlamentsvorbehalts konkreter zu bestimmen. So wurde die Wesentlichkeit eines Regelungsbereiches teilweise mit dem politisch Kontroversen einer Sachfrage gleichgesetzt.[224]

Kritisiert wird weiter, dass die Grundrechtsintensität einer Maßnahme kein sicheres und griffiges Abgrenzungskriterium darstellt und eine „Intensitäts-Stufenlehre", die konkrete Schwellenwerte für die Wesentlichkeit grundrechtsrelevanter Maßnahmen festlegt, bislang fehlt.[225] Dies sei jedoch umso wichtiger, als die Intensität nicht nur die Aufgabenbereiche von Gesetzgebung und Verwaltung voneinander abgrenze, sondern auch als Maßstab dafür gelten solle, welcher Normtypus zu wählen sei.[226] Diese Stimmen in der Literatur gehen also

---

[222] BVerwGE 56, 155 (158/160); 64, 308 (316).

[223] Kisker, DJT-Verhandlungen, S. M 82; Ossenbühl, DÖV 1977, 801 (802 f.); Pieske, DVBl. 1977, 673 (677); Wilke, JZ 1982, 758 (759) als Anmerkung zu BVerfG, Beschluss vom 20. Oktober 1981, Az 1 BvR 640/80, JZ 1982, 755 ff.; Umbach, Festschrift für Faller, S. 111 (122 ff.); von Arnim, DVBl. 87, S. 1241, der sich insbesondere mit den Auswirkungen der Wesentlichkeitslehre auf Entscheidungen des Parlaments in eigener Sache befasst (Abgeordneten-Diäten, Wahlkampfkosten etc.); siehe dazu auch Stern, Staatsrecht I, § 20, IV., 4., S. 812 mit weiteren Nachweisen.

[224] Kisker NJW 1977, 1313 (1318): „Das Wesentliche ist das politisch Kontroverse."; ähnlich auch Oppermann, Gutachten C, S. C 54; Kloepfer, JZ 1984, 685 (690).

[225] Kisker, DVBl. 1982, 886 (887) als Anmerkung zu BVerfG, Beschluss vom 20. Oktober 1981, Az 1 BvR 640/80, DVBl. 1982, 401 ff.; Hennecke, DÖV 1982, 696 (696); Eberle, DÖV 1984, 485 (490).

[226] Hennecke, DÖV 1982, 696 (696).

trotz der angeführten Kritik an der Unkonkretheit des Wesentlichkeits- beziehungsweise Intensitätsbegriffes mit dem *Bundesverfassungsgericht* von der grundsätzlichen Richtigkeit dieses Ansatzes aus[227], fordern jedoch eine weitere Konkretisierung dieser Begriffe durch die Rechtsprechung.

Dagegen setzt *Wilke*[228] an einem anderen Punkt an: Er hält die Wesentlichkeit einer Maßnahme als Maßstab für die Geltung des Parlamentsvorbehalts für grundsätzlich verfehlt. Denn dies führe zu einer unzulässigen Verlängerung des Gesetzesvorbehaltes, da auf diese Weise die in Art. 80 Abs. 1 S. 2 GG abschließend festgelegten Voraussetzungen für die Delegation einer Regelungsmaterie an die Exekutive unzulässig überlagert würden und zudem dem richterlichen Entscheidungsbelieben Tür und Tor geöffnet werde. Eine besondere Prüfung anhand des Wesentlichkeitsbegriffes, was dem Gesetzgeber übertragen und was an die Verwaltung übertragbar ist, hält er daher für unzulässig; vielmehr sei Art. 80 Abs. 1 S. 2 GG insoweit als abschließender Prüfungsmaßstab anzusehen; danach sind auch wesentliche Regelungsgegenstände im Rahmen dieser Vorschrift delegierbar.[229] Zudem findet er in dem Beschluss des *Bundesverfassungsgerichts* über Versetzung und Schulausschluss[230] keine Anhaltspunkte dafür, dass das Gericht von der Möglichkeit einer Abstufung verschiedener Wesentlichkeitsbereiche ausgehe.[231]

b) Eigener Lösungsvorschlag

Die Kritik an der Unkonkretheit der Definition des Begriffs „wesentlich" ist zwar verständlich, trotz der sich aus ihr ergebenden Schwierigkeiten bei der Anwendung und Umsetzung der Wesentlichkeitstheorie ist ihr jedoch zu folgen. Sie beruht auf dem Gedanken, die wichtigen Entscheidungen dem Gesetzgeber als demokratisch legitimierter Regelungsinstanz zu überlassen. Der Grundkonzeption dieses Ansatzes ist daher die Notwendigkeit der Festlegung eines Maßstabs zur Abgrenzung von wichtigen und unwichtigen Regelungen immanent. Jeder Lösungsversuch sieht sich vor das Problem einer tragfähigen Definition

---

[227] So auch Evers, JuS 1977, 804 (808).

[228] Wilke, Anmerkung, JZ 1982, 758 (ff.).

[229] Wilke, Anmerkung, JZ 1982, 758 (760).

[230] BVerfGE 58, 257 ff.

[231] Wilke, Anmerkung, JZ 1982, 758 (760).

des Begriffs der Wichtigkeit oder Wesentlichkeit gestellt. *Kiskers* Lösungsvorschlag, das politisch Kontroverse als Indikator für die Wesentlichkeit einer Regelungsmaterie anzusehen[232], ist unbefriedigend, da hier die inhaltliche Frage nach der Wichtigkeit einer Regelungsmaterie unbeantwortet bleibt und auf eine formale Ebene (Vorliegen einer politischen Kontroverse über Sachfragen) verlagert wird. Der Definitionsversuch über das politisch Kontroverse löst das Problem daher nur scheinbar. Dieses Abgrenzungskriterium ist auch deswegen zweifelhaft, weil gerade in einer auch durch die Medien geprägten Gesellschaft das „In-die-Schlagzeilen-bringen" nicht zu einer so weitreichenden Konsequenz wie der Auslösung des Gesetzes- beziehungsweise Parlamentsvorbehalts führen darf.[233] Die Möglichkeit hieraus entstehender Rechtsunsicherheiten (Wann ist etwas umstritten? Wann ist es nicht mehr umstritten und welche Folgen hat das?) sprechen grundsätzlich gegen diesen Ansatz. So geht auch das *Bundesverfassungsgericht* in neuerer Rechtsprechung davon aus, dass die alleinige Tatsache, dass eine Frage politisch umstritten ist, nicht den zwingenden Schluss auf ihre Wesentlichkeit zulässt.[234]

Die Wesentlichkeitstheorie versucht sich hingegen gerade an einer inhaltlichen Definition. Als entscheidendes Kriterium stellt sie dabei auf den Grad der Grundrechtsbeeinträchtigung, also die Grundrechtsintensität, ab, die als Maßstab für die Beurteilung der Wesentlichkeit einer Maßnahme dient und diesen Begriff damit inhaltlich ausfüllt. Die Kritik an der Unkonkretheit der Wesentlichkeitstheorie geht fehl, da das Problem weniger im Lösungsansatz, den das *Bundesverfassungsgericht* in seiner Wesentlichkeitsrechtsprechung vertritt, sondern vielmehr an der Schwierigkeit der Problemstellung selbst liegt. Will man die Notwendigkeit der parlamentsgesetzlichen Regelung weder nach der zu engen und überholten Eingriffsformel bestimmen noch auf einen zu unflexiblen Verwaltungshandeln führenden „Totalvorbehalt" zurückgreifen, der für jegliches Verwaltungshandeln eine gesetzliche Grundlage fordert[235], ist man zwangsläufig auf die Beurteilung der Bedeutung der zu regelnden Materie angewiesen, muss also ihre Wesentlichkeit prüfen. Einen absoluten, allgemein-

---

[232] Kisker, NJW 1977, 1313 (1318).

[233] Siehe dazu auch Eberle, DÖV 1984, 485 (487).

[234] BVerfG, DVBl. 1998, 955 (958).

[235] Dazu ausführlich Ossenbühl in: Isensee/Kirchhof, HdbStR III, § 62, Rz 18 ff.

gültigen Bewertungsrahmen für die Beurteilung der Wesentlichkeit eines Sachbereichs kann es dabei nicht geben, weil es sich hier um einen relativen, vergleichenden Be-griff handelt. Die Bestimmung von abstrakten, objektiven Kriterien für die Beurteilung verschiedener Intensitätsgrade ist nicht möglich, so dass man letztlich auf die inhaltliche Bewertung der zu regelnden Sachbereiche angewiesen ist. Die Übergänge zwischen wesentlicheren und unwesentlicheren Maßnahmen bleiben fließend, eine Einzelfallbetrachtung des konkret zu beurteilenden Sachverhaltes ist unumgänglich.[236] Nur darüber können differenzierte Vergleichswerte für unterschiedliche Fallgruppen gewonnen und objektive Bewertungsmaßstäbe herausgebildet werden. Diese Aufgabe der Abschichtung verschiedener Intensitätsgrade im jeweiligen Einzelfall wird auch in Zukunft Rechtsprechung und Lehre zufallen. Diese haben sich bereits in der Vergangenheit darum bemüht, die Wesentlichkeit einzelner Bereiche des Schulrechts herauszuarbeiten, sie in Fallgruppen zu unterteilen und gleichsam einen Katalog wesentlicher Regelungsgegenstände zu erstellen, um die Subsumtion der verschiedenen schulrechtlichen Sachverhalte unter den Wesentlichkeitsbegriff zu erleichtern. Als wesentlich werden im Schulrecht nach den Empfehlungen des 51. Deutschen Juristentages[237], auf die in Rechtsprechung und Literatur Bezug genommen wird[238], folgende schulische Angelegenheiten angesehen:

1. Bildungs- und Erziehungsziele der Schule
2. Allgemeiner Lernzielkatalog
3. Fächerkatalog
4. Organisatorische Grundstruktur der Schule (...)
5. Statusbildende Normen, die den Schüler betreffen (...)

Verschiedene Gerichte mussten in der Vergangenheit über die Geltung und Wirkung der Wesentlichkeitstheorie im Schulrecht entscheiden. Das *Bundesverfassungsgericht* hat die Wesentlichkeit verschiedener Regelungsmaterien ausdrückliche bejaht. Exemplarisch genannt seien hier die Entscheidungen des

---

[236] BVerfGE 58, 257 (274); Staupe, S. 125, dort insbesondere Fußnote 125; Umbach, Festschrift für Faller, S. 129; Evers, JuS 1977, 804 (808).
[237] Empfehlungen des 51. DJT, Sitzungsbericht M 230 (Nr. 1.1-1.5).
[238] Niehues, DVBl. 1980, 465 (466); BVerfGE 45, 400, (418 f.), wobei das Gericht letztendlich offen lässt, ob alle genannten Fragen durch oder aufgrund eines förmlichen Gesetzes geregelt werden müssen.

Gerichts über Schulausschluss[239], Neuordnung der gymnasialen Oberstufe[240], Gestaltung und Durchführung des Sexualkundeunterrichts[241] und Versetzung[242]. Auch andere Gerichte haben sich umfänglich mit dieser Thematik auseinandergesetzt und in jedem Einzelfall Bewertungsmaßstäbe für die Wesentlichkeit eines Regelungsbereichs entwickelt.[243]

Deshalb ist der Kritik von *Wilke*[244] nicht zuzustimmen. Das *Bundesverfassungsgericht* geht in seiner von *Wilke* kommentierten Entscheidung zur Schulentlassung[245] erkennbar davon aus, dass es verschiedene Abstufungen der Wesentlichkeit von Regelungsgegen-ständen gibt und sich Maßnahmen gerade durch ihre unterschiedliche Intensität auszeichnen.[246] Genau aus dieser unterschiedlichen Bewertung der Intensität verschiedener Bereiche leitet das Gericht die unterschiedlichen Konsequenzen für die Abgrenzung von Gesetzesvorbehalt und Parlamentsvorbehalt ab. Die Ansicht *Wilkes*, die Reichweite des Gesetzesvorbehalts im Sinne einer Abgrenzung von delegationsfesten und delegierbaren Regelungsmaterien könne durch die alleinige Anwendung von Art. 80 Abs. 1 S. 2 GG erfolgen, weshalb es eines Parlamentsvorbehaltes gar nicht bedürfe,[247] ist ebenfalls nicht stichhaltig. Diese Vorschrift regelt zwar formal, wie eine Ermächtigungsnorm zum Erlass einer Rechtsverordnung ausgestaltet sein muss. Entscheidend ist aber, dass sie keine inhaltliche Regelung darüber trifft, in welchen Fällen eine solche Delegation durch den Gesetzgeber überhaupt zulässig ist und damit die Geltung eines zuvor definierten Parlamentsvorbehalts voraussetzt.[248] Erst wenn eine Regelungsmaterie wegen ihrer Wesentlichkeit dem Parlamentsvorbehalt unterfällt und ihre Regelung deshalb dem Gesetzgeber

---

239 BVerfGE 41, 251 (260 ff.) – Speyerkolleg, siehe auch BVerfGE 58, 257 (274) – Schulausschluss und Versetzung.

240 BVerfGE 45, 400 (417 ff.) für Hessen.

241 BVerfGE 47, 46 (82 f.) – Sexualkundeunterricht.

242 BVerfGE 58, 257 (274) – Versetzung und Schulausschluss.

243 BVerwG DÖV 1982, 362 ff.; DVBl. 1998, 969 ff.; VGH Mannheim, NJW 1987, 3274 (3275) – Friedenssicherung und Bundeswehr.

244 Wilke, Anmerkung, JZ 1982, 758 ff.

245 BVerfGE 58, 257 ff.

246 BVerfGE 58, 257 (274 f.).

247 Wilke, Anmerkung, JZ 1982, 758 (759 f.).

248 Umbach, Festschrift für Faller, S. 111 (128); So auch Eberle, DÖV 1984, 485 (487); besonders differenziert: Staupe, S. 142 ff. (144).

obliegt, kommt Art. 80 Abs. 1 GG zur Anwendung, nach dem sich die Regelungsdichte der zu treffenden gesetzlichen Bestimmung richten muss.

2. Reichweite des Parlamentsvorbehalts

Der Parlamentsvorbehalt begründet ein Delegationsverbot für wesentliche, also
intensive Maßnahmen im grundrechtsrelevanten Bereich, die der Gesetzgeber
nicht zur Regelung an die Exekutive weiterleiten darf. Hier stellt sich die Frage,
ob der Parlamentsvorbehalt verlangt, dass alle Regelungen in diesem wesentlichen Bereich bis ins Detail vom Gesetzgeber selbst zu treffen sind. In seiner
Sexualkunde-Entscheidung hat das *Bundesverfassungsgericht* bestimmt, dass
auch in dem als wesentlich bewerteten Bereich der Regelung des Sexualkundeunterrichts nicht alle Modalitäten vom Gesetzgeber selbst zu treffen sind.[249] Für
diesen Bereich hat es sodann genau festgelegt, welche Fragen als parlamentarische Leitentscheidungen allein der Regelung durch den Gesetzgeber unterliegen.[250] Auch der Entscheidung des Gerichts über Schulentlassung und
Versetzung ist zu entnehmen, dass der Gesetzgeber bei der Regelung der als
grundrechtsintensiv bewerteten Schulentlassung nur die wesentlichen Bestimmungen selbst regeln muss, die in diesem Beschluss konkret benannt werden.[251].
Hier wird deutlich, dass ein bestimmter Regelungsbereich (die Schulbuchzulassung, der Sexualkundeunterricht etc.) nicht insgesamt dem Parlamentsvorbehalt
unterliegt, sondern bei jeder konkreten Einzelfrage innerhalb des jeweiligen
Regelungskomplexes über die Wesentlichkeit der zu treffenden Regelung zu
entscheiden ist. Das Delegationsverbot bezieht sich nur auf einzelne, für
Grundlage und Wesen der zu treffenden Regelung besonders wichtige Teilas-
pekte des jeweiligen Sachbereichs.[252] Grundsätzlich sind daher abschließende
Detailregelungen durch den Gesetzgeber nicht notwendig, da sie nicht wesentlich sind und damit von Anfang an nicht unter den Parlamentsvorbehalt fallen.
Die Regelung von Einzelheiten kann der Gesetzgeber an die Verwaltung dele-

---

[249] BVerfGE 47, 46 (82 f.).

[250] BVerfGE 47, 46 (83).

[251] BVerfGE 58, 257 (275).

[252] Siehe dazu auch Staupe, S. 135 f.; Niehues, Schulrecht, Rz 103, wonach eine parlamentarische Leitentscheidung nur abschließende Regelungen treffen muss, wenn sie notwendigerweise in einer Detailregelung besteht (Beispiel: Erhöhung der Mehrwertsteuer um
2 oder 3% ?).

gieren. Der Parlamentsvorbehalt führt daher zu keinem absoluten, sondern nur zu einem teilweisen Delegationsverbot.

IV. Geltung des Parlamentsvorbehaltes für die Verfahren der Schulbuchzulassung und -einführung

Die gewonnen Erkenntnisse über die Voraussetzungen des Parlamentsvorbehaltes und seine Auswirkungen auf die erforderliche Regelungsebene eines Sachbereichs sind nun auf das Schulbuchzulassungsverfahren und die Schulbucheinführung anzuwenden. Dass diese Verfahren aufgrund ihrer Grundrechtsrelevanz dem Gesetzesvorbehalt unterfallen, wurde bereits festgestellt.[253] Darüber hinaus würde ihre Regelung dem Parlamentsvorbehalt unterliegen, wenn sie sich in dem festgestellten grundrechtsrelevanten Bereich intensiv auswirken, also wesentlich sind. Um diese Frage beantworten zu können, sind zunächst Vorüberlegungen notwendig, die ganz allgemein die Inhalte des Schulunterrichts betreffen.

Der Schulunterricht dient der Vermittlung von Lerninhalten, die sich aus den Bildungs- und Erziehungszielen ergeben. Laut den Empfehlungen des 51. Deutschen Juristentages sind diese Bildungs- und Erziehungsziele und ein allgemeiner Lernzielkatalog aufgrund ihrer besonders grundrechtsintensiven Wirkung auf die am Schulverhältnis Beteiligten wesentlich, also durch den Gesetzgeber selbst zu regeln.[254] Die Geltung der Wesentlichkeitstheorie im Schulrecht ist auch von der Rechtsprechung insbesondere für die Bewertung von Unterrichtsinhalten konkretisiert worden. Das *Bundesverfassungsgericht* hat sich in seiner insoweit richtungsweisenden Entscheidung über die Einführung des Sexualkundeunterrichts mit der Frage beschäftigt, ob bestimmte Lerninhalte gesetzlich zu regeln sind. Ob und in welchem Umfang Sexualkundeunterricht an Schulen unterrichtet werden soll, ist danach vom Gesetzgeber zu regeln. Denn dabei handele es sich um eine in hohem Maße grundrechtsrelevante Entscheidung, da Eltern- und Schülerrechte besonders empfindlich betroffen seien.[255] Weitergehend wird zwischen der Regelung von Feinlernzielen im Sinne von Einzelheiten

---

[253] Siehe oben unter D. II.

[254] Siehe dazu unter D. III. 1. b).

[255] BVerfGE 47, 46 (82).

der Lehr- und Lernmethoden und Groblernzielen als Festlegung der Erziehungsziele in den Grundzügen differenziert. Die Bestimmung dieser grundlegenden Lerninhalte kann sich der Gesetzgeber aufgrund deren grundrechtsintensiver Wirkung für Schüler, Eltern und Lehrer nicht entziehen; er muss hier die parlamentarische Leitentscheidung treffen, während die Regelung der Feinlernziele der Schulverwaltung oder dem einzelnen Lehrer überlassen bleiben kann.[256] Was bedeuten diese Grundsätze für die Schulbuchzulassung?

Ein Schulbuch stellt keinen eigentlichen Lerninhalt dar, vielmehr dient es der Vermittlung von Unterrichtsinhalten. Notwendig in ihm enthalten sind damit die auf verschiedenen Ebe-nen geregelten Bildungs- und Erziehungsziele: Die in den Landesverfassungen und Schulgesetzen der Länder enthaltenen allgemeinen Erziehungspostulate, die gesetzlich geregelten Groblernziele für die einzelnen Fächer und die von der Schulverwaltung zum Beispiel im Lehrplan formulierten Feinlernziele finden sich quasi spiegelbildlich im Schulbuch wieder. Denn dessen Aufgabe ist gerade die Verarbeitung und Übersetzung dieser formulierten Bildungs- und Erziehungsziele in den Alltag des Schulunterrichts. Dort findet das Schulbuch als unterrichtsbegleitendes Lehr- und Lernmedium seinen Einsatz. Der sachliche Zusammenhang zwischen Lerninhalten und dem Vermittlungsmedium Schulbuch ist allerdings so eng, dass eine unterschiedliche Betrachtung beider Regelungsbereiche nicht möglich ist. Die Unterrichtsgestaltung wird gleichermaßen durch Lerninhalte und Vermittlung dieser Lerninhalte geprägt, daher ist die Frage der Wesentlichkeit der Regelungen über Schulbücher und ihre Verwendung genauso zu beantworten wie die Frage der Wesentlichkeit der Lerninhalte, die es vermittelt. Ob das Schulbuch inhaltlich mit den Bildungs- und Erziehungszielen übereinstimmt und für den Schulgebrauch geeignet ist, wird im Schulbuchzulassungsverfahren überprüft. Dieses Verfahren ist daher wesentlich und unterfällt dem Parlamentsvorbehalt, muss also durch formelles Gesetz geregelt werden. Der Gesetzgeber muss in diesem Bereich die Leitentscheidungen, die den Kern der Schulbuchgenehmigungspolitik in einem Bundesland bestimmen und damit für die entsprechenden Regelungen prägend sind, selbst treffen.

---

[256] BVerfGE 47, 46 (83).

1. Verfahrensbestimmungen

Zunächst muss der Gesetzgeber explizit bestimmen, ob und wenn ja für welche Schulformen ein Zulassungsverfahren zur Eignungsprüfung eines Schulbuches eingerichtet werden soll. Weitergehend hat er zu entscheiden, wie dieses Verfahren in den Grundzügen ausgestaltet werden soll. Denn die grundlegenden Modalitäten des Verfahrensgangs entscheiden wesentlich über die Genehmigungspolitik insgesamt. Dazu gehören insbesondere:

- Zuständigkeit für die Verfahrensdurchführung

- Begutachtung durch Einzelgutachter oder durch Schulbuchkommissionen, einschließlich deren Auswahl, Zusammensetzung und Befugnisse

- Art und Umfang der Beteiligung und Mitwirkung von Eltern, Schülern und Lehrern

- Maximale Verfahrensdauer

Die genaue Umsetzung dieser Verfahrensbestimmungen und die Bestimmung aller übrigen Verfahrensregularien wie Antragsform und -frist können zur Regelung an die Exekutive delegiert werden, weil es ihnen an Grundsätzlichkeit fehlt.

2. Prüfkriterien

Zentrales Regelungselement des Genehmigungsverfahrens ist die Festlegung der inhaltlichen Eignungskriterien, auf deren Vorliegen das einzelne Schulbuch überprüft werden soll. Diese Prüfkriterien sind abschließend durch Gesetz zu bestimmen, sie schöpfen den Regelungsgegenstand notwendigerweise vollständig aus, da die Exekutive zur Festlegung weiterer Kriterien aufgrund der besonderen Wesentlichkeit dieses Regelungsteils nicht befugt ist.

Als inhaltliche Prüfkriterien gelten:

- Rechtsordnungskonformität.

- Lehrplan- und Richtlinienkonformität. Geregelt werden muss hier auch, ob eine vollständige Kongruenz oder nur eine Übereinstimmung im wesentlichen bestehen muss.

In dem Beschluss der Kultusministerkonferenz Nr. 490 und in den Regelungen einzelner Bundesländer finden sich darüber hinaus weitere Prüfkriterien:

- Berücksichtigung der neuesten wissenschaftlichen, methodischen und didaktischen Erkenntnisse.

- Wirtschaftlichkeitserwägungen.

- Anforderungen an die Haltbarkeit eines Buches, Platz für Eintragungen; Freiheit des Buches von nicht erforderlicher Werbung.

Diese und ähnliche Bestimmungen zählen nicht zu den abschließend gesetzlich zu regelnden inhaltlichen Prüfkriterien; sie stellen vielmehr formale Erwägungen in den Vordergrund, so dass hier ein Spielraum für Verwaltungsregelungen verbleibt.[257]

3. Einführungsverfahren

Das Gesetz über das Schulbuchzulassungsverfahren muss auch regeln, ob ein Einführungsverfahren an den einzelnen Schulen stattfinden soll, wer für die Einführungsentscheidung zuständig und wer an ihr zu beteiligen ist. In einem solchen Verfahren werden aus der Liste der zugelassenen Schulbücher für jedes Fach diejenigen ausgewählt, die in der Schule tatsächlich im Unterricht verwendet werden sollen. Zwischen Zulassung und Verwendung wird so eine weitere Auswahlentscheidung getroffen, welche die Rechte der Eltern, Schüler und Lehrer berührt. Die genaue Ausgestaltung des Einführungsverfahrens ist dagegen als Detailregelung wiederum Sache der Verwaltungsbehörden und kann zur Regelung durch Rechtsverordnung an die Exekutive delegiert werden.

V. Bestimmtheit des formellen Gesetzes als Ermächtigungsgrundlage für die delegierbaren Regelungsgegenstände

Die soeben benannten Regelungsbestandteile, die der Gesetzgeber nicht detailgenau selbst regeln muss, kann er an die Exekutive delegieren. Dies muss er durch ein formelles Gesetz, das insoweit als Ermächtigungsgrundlage zum Ver-

---

[257] So auch Bryde, Gutachten, S. 22; anders aber Rehborn, Schulbuchzulassung, S. 77, der auch hierin Regelungen mit besonderer Tragweite für die Betroffenen sieht.

ordnungserlass dient. Diese Ermächtigung unterliegt gewissen Anforderungen an ihre Regelungsdichte, denn eine gesetzliche Regelung, welche die Verwaltung zum Verordnungserlass ermächtigt, muss im Sinne des Art. 80 Abs. 1 S. 2 GG, der auch auf Landesebene gilt, bestimmt sein.[258] Das heißt, dass der Gesetzgeber Inhalt (welche Fragen soll die Verordnung regeln?), Zweck (welches Ziel soll die Regelung verfolgen?) und Ausmaß (welche Grenzen soll die Verordnungsregelung haben?) der erteilten Ermächtigung genau festlegen muss. An diesen gesetzgeberisch formulierten Willen ist die Verwaltung gebunden. [259] „Der Verordnungsgeber hat sich bei der Umsetzung der Grundsätze, Ziele und Inhalte gesetzlicher Vorgaben an diesen zwingend zu orientieren, darf also keine davon abweichenden Normierungen treffen."[260] Der sachliche Inhalt der zu treffende Reglung wird damit vorhersehbar.[261]

Es stellt sich die Frage, welchen Grad der Bestimmtheit die Ermächtigungsgrundlage haben muss, wie genau der Gesetzgeber also die Verwaltungsregelung vorzuprogrammieren hat. Nach Ansicht des *Bundesverfassungsgerichts* ist es nicht notwendig, dass die Ermächtigung so bestimmt wie möglich sein muss, es reicht vielmehr aus, wenn Inhalt, Zweck und Ausmaß der erteilten Ermächtigung anhand der bekannten Auslegungsmethoden bestimmbar sind.[262] Der Grad der Bestimmtheit hängt von den Besonderheiten des jeweiligen Einzelfalles und der Intensität der Maßnahme ab und kann je nach Natur des jeweils zu regelnden Lebensbereichs sehr unterschiedlich sein, so dass ein Spielraum für individuelle Lösungen gegeben ist.[263] Grundsätzlich gilt jedoch, dass die Bestimmtheit der Grundrechtsrelevanz der Regelung entsprechen muss: Je ein-

---

258 Siehe ausführlich zur Frage des Verhältnisses von legislativer Programmsetzung für die Verordnungsgebung und Regelungskompetenz der Exekutive: von Danwitz, Gestaltungsfreiheit des Verordnungsgebers, S. 50 ff.

259 Löhning, S. 197.

260 von Danwitz, Gestaltungsfreiheit des Verordnungsgebers, S. 57 unter Verweis auf die Rechtsprechung des Bundesverwaltungsgerichts, siehe hier insbesondere BVerwGE 68, 69 (72); 65, 323 (325).

261 Löhning, S. 197.

262 BVerfGE 58, 257 (277); siehe zur Auslegung des Art. 80 Abs. 1 S. 2 GG nach den bekannten Auslegungsmethoden Busch, Das Verhältnis des Art. 80 Abs. 1 S. 2 GG zum Gesetzes- und Parlamentsvorbehalt, S. 124.

263 BVerfGE, 58, 257 (277 f.); Heussner, Festschrift für Stein, S. 111 (123); Busch, aaO, S. 122.

schränkender die betreffende Maßnahme ist, desto bestimmter muss die Ermächtigungsgrundlage formuliert sein.[264]

Bei der Ermächtigung zur genaueren Ausgestaltung der Versetzung von einer Klasse oder Jahrgangsstufe in die nächste hat es das *Bundesverfassungsgericht* wegen der relativ wenig einschneidenden Auswirkungen dieser Maßnahme und der Unübersichtlichkeit der Regelungsmaterie für ausreichend gehalten, dass der Gesetzgeber die genauen Voraussetzungen der Versetzung nicht umschreiben muss. Er muss nur die Versetzung als solche vorsehen und den Verordnungsgeber durch Verwendung des allgemeinen Begriffs „Versetzung" zum Erlass näherer Vorschriften ermächtigen.[265]

An dieser Entscheidung wird sichtbar, dass die allgemeine Tendenz der Rechtsprechung bei der Auslegung des Art. 80 Abs. 1 S. 2 GG dahin geht, die Bestimmtheitsanforderungen zu relativieren und herunterzuschrauben.[266] Diese Tendenz resultiert mittelbar aus der Anwendung des Parlamentsvorbehaltes, der nur die Delegation relativ unwesentlicher Regelungsteile zulässt. Welche Rechtsfolgen an die Nichtbeachtung des Bestimmtheitsgebotes geknüpft sind, hat der *Bayerische Verfassungsgerichtshof* in besonderer Deutlichkeit festgestellt:

Ist der Regelungsinhalt, den die Verordnung haben soll, in der formellgesetzlichen Ermächtigung nicht genau benannt, stellt diese gar keine ausreichende Ermächtigungsgrundlage dar, so dass die daraufhin ergangene Rechtsverordnung nichtig ist.[267] Nennt sie zwar den Regelungsgegenstand, ist aber ansonsten eine Blankettnorm, weil sie den Verordnungsinhalt nicht ausreichend vorprogrammiert und deshalb bezüglich Inhalt, Zweck und Ausmaß der Regelung zu unbestimmt ist, hat das die Nichtigkeit der Ermächtigungsgrundlage gemäß Art. 80 Abs. 1 S. 2 GG zur Folge, welche wiederum die Nichtigkeit der daraufhin erlassenen Rechtsverordnung automatisch nach sich zieht.

---

[264] BVerfGE 58, 257 (278).

[265] BVerfGE 58, 257 (279)

[266] Staupe, S 139 ff./142 ff.

[267] BayVerfGH, DÖV 1982, 691 (694 ff.); siehe dazu Anmerkung von Hennecke, DÖV 1982, 696 f.

Bei Verfahrensbestimmungen wie zum Beispiel Form und Frist des Antrags auf Zulassung eines Schulbuches sowie der Frage, wie ein gegebenenfalls durchzuführendes Einführungsverfahren auszusehen hat, handelt es sich um vergleichsweise unwesentliche Regelungsbestandteile. Daher genügt das als Ermächtigungsgrundlage dienende formelle Gesetz den Anforderungen des Art. 80 Abs. 1 S. 2 GG, wenn es durch Auslegung ermittelbar bestimmt, dass die Verwaltung diese Sachbereiche regeln soll und damit der Regelungsbedarf der Exekutive in ausreichendem Maße verdeutlicht wird. Dazu muss es den Regelungsinhalt (Einzelheiten des Zulassungsverfahrens und Entscheidung über die Durchführung eines Einführungsverfahrens) benennen und das Ausmaß der Regelung erkennbar machen.

Zusammenfassend lässt sich also feststellen, dass das Schulbuchzulassungsverfahren grundsätzlich dem Parlamentsvorbehalt unterliegt, weil es grundrechtsintensiv für die Grundrechtsausübung der Betroffenen und damit wesentlich ist. Im Rahmen der Geltung des Parlamentsvorbehaltes muss der Gesetzgeber selbst durch formelles Gesetz (Schulgesetz) die formellen und materiellen Grundlagen des Schulbuchzulassungsverfahrens festlegen und auch über die Durchführung eines Einführungsverfahrens entscheiden. Weniger wichtige Verfahrensfragen und die Ausgestaltung des Einführungsverfahrens kann er durch formelles Gesetz zur Regelung durch Rechtsverordnung an die Exekutive delegieren.

E. Verwaltungsrechtliche Probleme bei der Schulbuchzulassung und -einführung

I. Schulbuchzulassung und Verwaltungsverfahren

Das Schulbuchzulassungsverfahren ist als Kultusangelegenheit gemäß Art. 30, 70 GG Ländersache. Das jeweilige Landeskultusministerium führt das Verfahren durch und trifft die Entscheidung über die Zulassung beziehungsweise Nichtzulassung eines Schulbuches für den Unterrichtsgebrauch. Die Tätigkeit von Landesbehörden richtet sich gem. § 1 Abs. 3 VwVfG des Bundes grundsätzlich nach den Bestimmungen der einzelnen Landesverwaltungsverfahrensgesetze (LVwVfG), wenn es sich um die Durchführung eines Verwaltungsverfahrens handelt.[268] Damit ist gemäß § 9 LVwVfG eine Behördentätigkeit mit Außenwirkung gemeint, die auf die Prüfung der Voraussetzungen, die Vorbereitung und den Erlass eines Verwaltungsaktes oder auf den Abschluss eines öffentlich-rechtlichen Vertrages gerichtet ist. Zuständig für die Durchführung des Schulbuchzulassungsverfahrens ist das Kultusministerium, in einigen Bundesländern Schul- und Bildungsinstitute, die dem Kultusministerium angegliedert sind. Das Kultusministerium als oberste Landesverwaltungsbehörde wird mit der Durchführung und der abschließenden Entscheidung über die Zulassung eines Schulbuches gegenüber dem antragstellenden Verlag nach außen hin tätig, die Zulassungsentscheidung ist auch als Verwaltungsakt im Sinne des § 35 LVwVfG anzusehen, worauf an späterer Stelle noch ausführlicher einzugehen sein wird. Daher sind die Bestimmungen der Landesverwaltungsverfahrensgesetze über das Verwaltungsverfahren mangels spezialgesetzlicher Regelung auf das Schulbuchzulassungsverfahren anzuwenden.

Der sachliche Anwendungsbereich der Landesverwaltungsverfahrensgesetze wird durch die dort getroffenen Ausnahmebestimmungen[269] über Schulangele-

---

[268] Aus Vereinfachungsgründen ist im folgenden allgemein von LVwVfG die Rede, die Paragraphenzahl orientiert sich im Zweifel am VwVfG des Bundes. Die einzelnen Bundesländer haben das VwVfG des Bundes durch Vollgesetz oder Verweisungsgesetz mit wenigen Abweichungen übernommen. Die einzelnen LVwVfGe stimmen daher meist bis zur Paragraphenzahl mit dem VwVfG des Bundes überein. Siehe zum Unterschied zwischen Vollgesetzen und Verweisungsgesetzen Maurer, Verwaltungsrecht, § 5, Rz 19.

[269] Beispielsweise in § 2 Abs. 3 Nr. 3 Hessisches LVwVfG.

genheiten auch nicht ausgeschlossen. Dem Wortlaut dieser Ausnahmebestimmungen ist zu entnehmen, dass der Begriff Schulangelegenheiten („Tätigkeit der Schulen") in einem engen Sinne auszulegen ist: Für Angelegenheiten, welche die Versetzung, Benotung und Prüfungsentscheidungen betreffen und damit direkt in den Schulbereich fallen, sollen einzelne Regelungen der Landesverwaltungsverfahrensgesetze nicht gelten. Nicht darunter fällt das Schulbuchzulassungsverfahren, das auf ministerieller Ebene angesiedelt ist und inhaltlich mit den inneren Schulangelegenheiten nichts zu tun hat. Die Regelungen der Landesverwaltungsverfahrensgesetze bleiben daher auf die Schulbuchzulassung anwendbar.[270]

II. Verfahrensablauf

1. Verfahrenseröffnung

§ 22 LVwVfG regelt die unterschiedlichen Möglichkeiten, wie ein Verwaltungsverfahren eingeleitet werden kann.[271] Aus dieser Vorschrift ergibt sich die grundsätzliche Unterscheidung zwischen einem von Amts wegen eingeleiteten Verfahren und einem sogenannten Antragsverfahren. Welche dieser beiden Alternativen bei der Verfahrenseröffnung im Einzelfall vorliegt, ist in der Regel durch Heranziehung und eventuelle Auslegung der entsprechenden spezialgesetzlichen Norm zu ermitteln: Liegt die Eröffnung eines Verwaltungsverfahrens vorwiegend im Interesse des Einzelnen, der zum Beispiel eine behördliche Genehmigung begehrt, liegt die Annahme eines Antragsverfahrens nahe.[272]

Nach den landesrechtlichen Bestimmungen über die Schulbuchzulassung muss der Verlag bei der zuständigen Behörde, dem Kultusministerium oder einem ihm angegliederten Schulinstitut, einen Antrag auf Zulassung des Schulbuches für den Unterrichtsgebrauch stellen. Damit gibt der Verlag als Antragsteller sein Interesse am Erlass einer Genehmigungsentscheidung zu erkennen und legt

---

[270] Bryde, Gutachten, S. 70; Siehe dazu auch Bonk in: Stelkens/Bonk/Sachs, VwVfG, § 2, Rz 130 f.

[271] Entgegen dem Wortlaut der Überschrift des § 22 LVwVfG sind die Voraussetzungen für den tatsächlichen Verfahrensbeginn in § 9 LVwVfG geregelt. In dieser Vorschrift werden die Behördenhandlungen genannt, mit denen das Verwaltungsverfahren beginnt.

[272] Stelkens in: Stelkens/Bonk/Sachs, VwVfG, § 22, Rz 15.

gleichzeitig auch den Verfahrensgegenstand fest. Es handelt sich daher um ein Antragsverfahren, das mit Antragstellung eröffnet wird. Liegt der Behörde ein solcher Antrag vor, muss sie tätig werden und das begehrte Verwaltungsverfahren durchführen; dazu ist sie gemäß § 22 S. 2 Nr. 1 2. Alt. LVwVfG rechtlich verpflichtet. Das geht aus den Formulierungen in den einzelnen landesrechtlichen Bestimmungen über die Schulbuchzulassung hervor, die der Behörde insoweit keinen Ermessensspielraum einräumen: „Über den Zulassungsantrag entscheidet...", „Über die Zulassung wird auf Antrag entschieden". Der Antrag ist grundsätzlich formfrei und an Fristen nicht gebunden, spezialgesetzlich festgelegte Form- und Fristvorschriften sind aber zulässig.[273] Von der Möglichkeit, Form- und Fristerfordernisse aufzustellen, wurde bei der Regelung der Schulbuchzulassung in den meisten Bundesländern Gebrauch gemacht. Bei Missachtung insbesondere von Formvorschriften ist der Antrag jedoch nicht ohne weiteres unbeachtlich. Gemäß § 25 S. 1 LVwVfG besteht in diesen Fällen eine Hinweis- und Beratungspflicht seitens der Behörde. Erst nach erfolglosem Nachbesserungsverlangen kann der Antrag als unbeachtlich angesehen werden.[274]

2. Die gutachterliche Eignungsprüfung

Nach Eingang eines ordnungsgemäßen Antrages wird das eigentliche Prüfungsverfahren in Gang gesetzt. Das Kultusministerium muss nun die Voraussetzungen für den Erlass der Genehmigungsentscheidung prüfen beziehungsweise durch entsprechende sachverständige Fachgutachter oder -gremien prüfen lassen und bereitet damit die in Form eines Verwaltungsaktes zu treffende positive oder negative Zulassungsentscheidung vor. Entsprechende Behördenhandlungen leiten den Beginn des Verwaltungsverfahrens im Sinne des § 9 LVwVfG ein. Die Eignung des Schulbuches für den Gebrauch im Schulunterricht wird entsprechend den landesgesetzlichen Regelungen überprüft. Die Bestellung der sachverständigen Gutachter erfolgt je nach Landesrecht unterschiedlich.[275] Baden-Württemberg, Bremen, Niedersachsen, Sachsen, Sachsen-Anhalt und Schleswig-Holstein haben eigens für die Schulbuchprüfung Institute gegründet,

273 Clausen in: Knack, VwVfG, § 22, Rz 13, 16.
274 Clausen in: Knack, VwVfG, § 22, Rz 19.
275 Siehe dazu ausführlich oben unter Teil B. III. 5. e).

die über Art und Umfang der Eignungsprüfung entscheiden und die Begutachtung selbst durchführen oder das Schulbuch an behördenexterne sachverständige Gutachter weiterleiten.[276] Sie sind dem Kultusministerium angegliedert und entscheiden teilweise selbständig, teilweise bereiten sie die Entscheidung des Kultusministeriums vor. In den anderen Bundesländern mit Ausnahme von Hamburg bestellt das Kultusministerium in der Regel zwei Gutachter.

a) Auswahl der Gutachter – Besetzung von Gutachtergremien

Sachverständige Gutachter haben die Funktion, aufgrund ihrer fachlichen Qualifikation eine fundierte Eignungsbewertung des zu prüfenden Schulbuches vorzunehmen, die als Grundlage für die Zulassungsentscheidung des Kultusministers dienen soll. Der gutachterlichen Tätigkeit fällt daher innerhalb des Verfahrens eine zentrale Bedeutung zu, die nicht unterschätzt werden darf. Aus diesem Grund sind bei der Auswahl der Einzelgutachter und der Besetzung der entsprechenden Gutachtergremien neben der besonderen Fachkompetenz auch andere Kriterien zu berücksichtigen. Hier sind insbesondere die §§ 20, 21 LVwVfG zu nennen, die das Unbefangenheitsprinzip konkretisieren. Danach darf kraft Gesetzes niemand für eine Behörde tätig werden, der zum Personenkreis des § 20 LVwVfG gehört, da bei diesen Personen unwiderlegbar vermutet wird, dass sie bei ihrer Begutachtung Interessenkollisionen ausgesetzt sein können, die ein rechtsstaatlich einwandfreies Verfahren unmöglich machen.[277] Neben Personen, die Verfahrensbeteiligte sind oder einem Verfahrensbeteiligten nahestehen, bestimmt § 20 Abs. 1 S. 2 LVwVfG, dass eine beteiligtengleiche Interessenkollision auch bei Personen vorliegt, die aus ihrer Tätigkeit für eine Behörde unmittelbare Vor- oder Nachteile erlangen können. § 21 LVwVfG ist als Ergänzung des § 20 LVwVfG zu verstehen, der keine unwiderlegliche Fiktion der Befangenheit aufstellt, sondern einen konkreten Anlass für die Besorgnis der Befangenheit voraussetzt.[278] Der Grund für die Besorgnis der Befangenheit

---

[276] Siehe dazu Teil B. III. 5. c).

[277] Clausen in: Knack, VwVfG, § 20, Rz 2 f.

[278] Clausen in: Knack, VwVfG, § 20, Rz 3.

kann in der Person oder aber in der Art der Sachbehandlung liegen.[279] Diese Grundsätze gelten auch für die Gutachtertätigkeit im Auftrag einer Behörde.[280]

Um das Unbefangenheitsprinzip zu wahren, darf das Kultusministerium für die Begutachtung der Eignung von Schulbüchern nur Gutachter bestellen, die den in den §§ 20 f. LVwVfG aufgestellten Anforderungen genügen. Mitarbeiter von Schulbuchverlagen, aber auch Autoren von Schulbüchern, soweit sie in einem wirtschaftlichen oder sonstigen Konkurrenzverhältnis zu dem Autor des zu begutachtenden Schulbuches stehen, scheiden daher als mögliche Gutachter aus. Obwohl das Unbefangenheitsprinzip über die Regelungen der §§ 20, 21 LVwVfG auch für das Schulbuchzulassungsverfahrens gilt, wäre eine ausdrückliche Regelung der Kriterien für die Auswahl von Fachgutachtern im Schulbuchzulassungsverfahren wünschenswert. Dadurch könnten die Besonderheiten dieses Prüfungsverfahrens in die entsprechenden Regelungen einbezogen und die Bedeutung dieser Regelungen für die Gutachterauswahl betont werden. Berlin, Nordrhein-Westfalen, Sachsen-Anhalt und Thüringen haben hier inzwischen einen Anfang gemacht und Anforderungen an die Gutachter in ihre Zulassungsbestimmungen aufgenommen.

b) Rechtscharakter der Gutachten

Die zu fertigenden Gutachten werden den Kultusministern oder Schulinstituten vorgelegt, die auf der Grundlage dieser sachverständigen Beurteilungen die am Ende des Verfahrens stehende Entscheidung über die Zulassung des Schulbuches treffen. Die gutachterlichen Stellungnahmen setzen damit selbst keine verbindliche Rechtsfolge, sondern haben als reine Vorbereitungsakte, an deren Ergebnis der Kultusminister bei seiner Zulassungsentscheidung nicht gebunden ist, keinen Regelungscharakter im Sinne des § 35 LVwVfG. Sie entfalten auch keine Rechtswirkungen nach außen, da sie nur als behördeninterne Entscheidungsvorbereitung dienen. Die Gutachten sind daher nicht selbständig anfechtbar.

---

279 Bonk in: Stelkens/Bonk/Sachs, VwVfG, § 21, Rz 10.
280 Bonk in: Stelkens/Bonk/Sachs, VwVfG, § 21, Rz 11.

3. Verfahrensdauer

Für Schulbuchautoren und -verlage kann die Frage der Verfahrensdauer von Bedeutung sein. Sie haben ein wirtschaftliches Interesse daran, das druckfertige Schulbuch so schnell wie möglich auf den Markt zu bringen. Je länger die Schulbuchprüfung dauert, desto belastender ist dies für den Antragsteller. In einigen Bundesländern finden sich daher in den Zulassungsregelungen Bestimmungen über die Verfahrensdauer.[281] Danach soll das Verfahren die Dauer von drei bis sechs Monaten in der Regel nicht überschreiten. Ein Rechtsanspruch soll, so die ausdrückliche Formulierung in den Bestimmungen von Nordrhein-Westfalen und Rheinland-Pfalz, aus dieser Regelung aber nicht abgeleitet werden können.

Eine Behörde ist grundsätzlich verpflichtet, über einen gestellten Antrag so schnell wie möglich zu entscheiden.[282] In § 75 S. 1 VwGO findet sich ein Anhaltspunkt dafür, welcher Zeitraum zur Entscheidung regelmäßig als angemessen angesehen wird. Danach hat die Behörde drei Monate nach Antragstellung eine Entscheidung zu treffen, ansonsten kann der Antragsteller Untätigkeitsklage erheben. Diese drei Monate sind jedoch nur als grober Richtwert zu verstehen, denn bei Vorliegen eines zureichenden Grundes für die Verzögerung der Entscheidung kann sich diese Frist verlängern, § 75 S. 1 VwGO. Bei der Schulbuchzulassung handelt es sich den Regelungen in den einzelnen Bundesländern zufolge um ein mehr oder weniger aufwändiges Verfahren: In Brandenburg und Sachsen-Anhalt werden Schulbücher inzwischen größtenteils ohne Einzelprüfung zugelassen. Die Genehmigung wird hier aufgrund der Versicherung der Verlage erteilt, dass das entsprechende Buch den Eignungskriterien entspricht. In den meisten anderen Bundesländern erfolgt die Zulassung erst nach Begutachtung durch zwei oder mehrere Sachverständige, welche die Entscheidung des Kultusministeriums oder der angegliederten Schulinstitute vorbereiten.

In diesen Fällen kann ein zureichender Grund für eine Verfahrensdauer von mehreren Monaten vorliegen, da Begutachtung und Entscheidungsfindung eine gewisse Zeit in Anspruch nehmen. Eine Verfahrensdauer von mehr als sechs

---

[281] Kultusministerkonferenz-Beschluss Nr. 490: Berlin, Bremen, Nordrhein-Westfalen, Rheinland-Pfalz.

[282] Kopp/Schenke, VwGO, § 75, Rz 8.

Monaten sollte aber nicht überschritten werden. In begründeten Einzelfällen, zum Beispiel, wenn die Eignung eines Schulbuchs zwischen den beteiligten Gutachtern umstritten ist, kann dieser Zeitrahmen aber auch überschritten werden.

4. Das Problem des Beurteilungsspielraums bei der Zulassungsentscheidung

a) Die Verwendung unbestimmter Rechtsbegriffe als Eignungskriterium

Voraussetzung für die Zulassung eines Schulbuches ist seine Eignung für den Unterrichtsgebrauch, über den das Kultusministerium selbst oder durch Schulinstitute abschließend entscheidet. Die hauptsächlichen Eignungskriterien sind:

(1.)   Rechtsordnungskonformität
Übereinstimmung der Schulbuchinhalte mit der Rechtsordnung.

(2.)   Lehrplan- und Richtlinienkonformität
In den einzelnen landesrechtlichen Bestimmungen zur Schulbuchzulassung sind die Anforderungen an die Lehrplan- und Richtlinienkonformität eines Schulbuchs unterschiedlich formuliert. Gefordert wird unter anderem die Vereinbarkeit des Schulbuchs mit den Lehrplänen beziehungsweise Rahmenrichtlinien[283], deren Anforderungen sie erfüllen[284], denen sie im wesentlichen oder weitgehend entsprechen[285] müssen oder mit denen sie übereinstimmen sollen[286]. Schleswig-Holstein fordert hingegen nur, dass das Schulbuch bei der Erreichung der Ziele der Lehrpläne helfen soll.

(3.)   Ausrichtung an neuesten didaktischen und methodischen Erkenntnissen der Fachwissenschaft

(4.)   Wirtschaftlichkeit

Während die Prüfung der Rechtsordnungskonformität anhand von Verfassung und Gesetzen erfolgt und keine größeren Schwierigkeiten bereiten dürfte, haben die Formulierungen zu den Kriterien (2.) bis (4.) gemeinsam, dass sie durch die

---

283   Zum Beispiel Sachsen-Anhalt.
284   Zum Beispiel Bayern.
285   Zum Beispiel Rheinland-Pfalz und Mecklenburg-Vorpommern.
286   Zum Beispiel Baden-Württemberg.

Verwendung unbestimmter, d. h. in ihrer Bedeutung nicht eindeutig verstehbarer und damit auslegungsbedürftiger Rechtsbegriffe gekennzeichnet sind. Bei der Anwendung dieser unbestimmten Rechtsbegriffe muss die Behörde beurteilen, wann ein Schulbuch wirtschaftlich ist, wann es einem Lehrplan „im wesentlichen" entspricht oder bei der Erfüllung der Lehrplanziele „hilft", wann es den methodischen und didaktischen Anforderungen „genügt" und umgekehrt, wann es das nicht tut. Um zu einer abschließenden Zulassungsentscheidung zu kommen, ist die Behörde dabei also auf die inhaltliche Konkretisierung der unbestimmten Rechtsbegriffe durch Auslegung angewiesen, was regelmäßig Wertungen erfordert. Ob und inwieweit solche Behördenentscheidungen aufgrund rechtlicher Bestimmungen, die unbestimmte Rechtsbegriffe enthalten, gerichtlich überprüfbar sind, ist fraglich und umstritten. Es handelt sich um die Frage, ob der Verwaltungsbehörde hier ein sogenannter Beurteilungsspielraum, also eine gerichtlich nur eingeschränkt überprüfbare Letztentscheidungskompetenz, zusteht.[287]

b) Anwendung unbestimmter Rechtsbegriffe und gerichtliche Überprüfbarkeit der Behördenentscheidung als dogmatisches Problem

Das Grundrecht des Art. 19 Abs. 4 GG gibt hier einen klaren Hinweis: Es gewährleistet den Zugang zu den Gerichten und vermittelt einen Anspruch auf tatsächliche, effektive gerichtliche Kontrolle von Hoheitsakten, woraus die grundsätzliche Pflicht der Gerichte resultiert, eine angefochtene Verwaltungsentscheidung rechtlich und tatsächlich vollständig zu überprüfen, ohne an die Behördenauffassung gebunden zu sein.[288] Je mehr Spielräume der Gesetzgeber der Verwaltung durch die Verwendung auszulegender unbestimmter Rechtsbegriffe gibt, desto fragwürdiger wird dieser Grundsatz jedoch. Aus diesem Grund haben Rechtsprechung und Lehre in der Vergangenheit Ausnahmetatbestände

---

[287] Siehe allgemein zur Entwicklung der Lehre vom Beurteilungsspielraum Maurer, Verwaltungsrecht, § 7, Rz 31 ff.; Ossenbühl in: Erichsen, Allgemeines Verwaltungsrecht, § 10, Rz 31 ff.; Bull, Allgemeines verwaltungsrecht, Rz 2´376 ff.; Peine, Allgemeines Verwaltungsrecht, Rz 72 ff. jeweils mit weiteren Nachweisen.

[288] Siehe dazu BVerfGE 35, 382 (401 f.); 84, 34 (49); Schmidt-Aßmann in: MDHS, GG, Art. 19 Abs. 4, Rz 183.

vom Grundsatz der vollständigen Überprüfbarkeit von Behördenentscheidungen entwickelt.

aa) Literatur

In der Literatur wurde, beginnend mit *Bachof* in den 1950er- Jahren, der Verwaltung ein Beurteilungsspielraum bei der Auslegung unbestimmter Rechtsbegriffe eingeräumt.[289] *Ule* beschränkte die Reichweite der gerichtlichen Überprüfung der Anwendung unbestimmter Rechtsbegriffe darauf, ob sich die getroffene Behördenentscheidung im Rahmen des Vertretbaren hält.[290] Hier wird davon ausgegangen, dass der Gesetzgeber durch die Verwendung unbestimmter Rechtsbegriffe, deren Anwendung nur durch wertende Auslegung möglich sei, zeige, dass hier der Exekutive eine eigenverantwortliche Entscheidung zugestanden werden müsse; auch wegen ihrer größeren Erfahrung und besonderen Sachkompetenz in vielen Bereichen sei ihr ein gerichtlich nur eingeschränkt überprüfbarer Entscheidungsspielraum einzuräumen.[291]

Im Zuge der intensiven Diskussion über die Problematik des Beurteilungsspielraums hat sich eine in der Argumentation leicht abweichende Begründung des Beurteilungsspielraums herausgebildet, die heute wohl als herrschend anzusehen ist. Nach der sogenannten normativen Ermächtigungslehre gilt der sich aus Art. 19 Abs. 4 GG ergebende Grundsatz einer vollständigen richterlichen Kontrolle von Verwaltungsentscheidungen. Eine Ausnahme sei nur dann anzuerkennen, wenn der Gesetzgeber eine Ermächtigung zur administrativen Letztentscheidung im jeweiligen Gesetzestatbestand normiere; ob eine solche Ermächtigung, die nicht unbedingt ausdrücklich erfolgen müsse, tatsächlich vorliege, sei durch Auslegung des Gesetzeswortlautes und der dort verwendeten unbestimmten Rechtsbegriffe zu ermitteln.[292] Dieser Ansicht zufolge zieht die Verwendung unbestimmter Rechtsbegriffe nicht automatisch einen Beurteilungspielraum nach sich, der diesbezügliche gesetzgeberische Wille muss dar-

---

289 Bachof, JZ 1955, 97 (98 ff.); ders., JZ 1972, 641 (642 ff.)

290 Ule, Festschrift für Jellinek, S. 309 (314 ff.); ders. VerwArch Bd. 1976, S. 1 (16 ff.).

291 Ule, Festschrift für Jellinek, S. 309 (322 ff.); Bachof, JZ 1955, 97 (99 ff.).

292 Schmidt-Aßmann in: MDHS, GG, Art. 19 Abs. 4, Rz 184 ff.; so auch Jarass/Pieroth, GG, Art. 19, Rz 48; Redeker, NVwZ 1992, 305 (307); Wahl, NVwZ 1991, 409 (410 f.); Maurer, Verwaltungsrecht, § 7, Rz 33.

über hinaus durch Auslegung ermittelt werden. Zur einfacheren Beantwortung der Frage, wann aus einem Gesetzestatbestand eine Letztentscheidungskompetenz herauszulesen sei, bedürfe es einer Typologie der Letztentscheidungsermächtigungen.[293] Als unbestritten gilt, dass eine solche Kompetenz im Sinne eines Beurteilungsspielraumes bei der Bewertung von Prüfungsleistungen besteht.[294]

bb) Rechtsprechung

Das *Bundesverwaltungsgericht* hat in seiner Rechtsprechung die Einräumung eines Beurteilungsspielraums restriktiver gehandhabt und ist – anders als die herrschende Meinung in der Literatur – grundsätzlich von der vollständigen gerichtlichen Überprüfbarkeit von Verwaltungsentscheidungen auch bei der Anwendung von unbestimmten Rechtsbegriffen ausgegangen.[295] Das Gericht hat jedoch als Ausnahme von diesem Grundsatz bei bestimmten Fallgruppen einen Beurteilungsspielraum der Verwaltung anerkannt: Dazu gehören unter anderem auch Prüfungsentscheidungen und prüfungsähnliche Entscheidungen, hier insbesondere im Schulrecht (Versetzung, Entlassung et cetera).[296] Die in diesem Bereich erforderliche fachwissenschaftliche und pädagogische Bewertung einer Prüfungsleistung durch den jeweiligen Prüfer sei aufgrund der vielfältigen Wertungsgesichtspunkte, auf denen sie beruhe, und angesichts der Vergleichssituation mit anderen Prüflingen vor Gericht nicht nachvollziehbar; die Prüfungssituation könne nicht exakt wiederholt werden; eine nachträgliche gericht-

---

[293] Schmidt-Aßmann in: MDHS, GG, Art. 19 Abs. 4, Rz 187.

[294] Schmidt-Aßmann in: MDHS, GG, Art. 19 Abs. 4, Rz 193 mit weiteren Nachweisen, wobei die hier angeführte Argumentation, diese Fälle gehörten so eindeutig zur eingespielten Praxis des Beurteilungsspielraums, dass sich die jeweilige Rechtsgrundlage dazu nicht weiter erklären müsste, im Sinne einer konsequenten Anwendung der normativen Ermächtigungslehre nicht überzeugt. Der Einräumung eines Beurteilungsspielraumes stehen ablehnend gegenüber mit unterschiedlicher Begründung: Rupp, Festschrift für Zeidler, S. 455 (463 ff.); Starck, Festschrift für Sendler, S. 167 (168 ff.), der sich grundsätzlich gegen eine Unterscheidung von Ermessen und unbestimmtem Rechtsbegriff wendet.

[295] BVerwGE 15, 207 (208); 42, 20 (22); 56, 71 (75).

[296] BVerwGE 8, 272 (273 ff.); 12, 359 (362 f.); 38, 105 (110 f.); 57, 130 (136 f.); BVerwG DVBl. 1981, 583 (584); BVerwG DÖV 1980, 380 (380).

liche Nachprüfung, auch unter Einbeziehung von Sachverständigen, sei deshalb unmöglich.[297]

Die gerichtliche Kontrolle von Prüfungsbewertungen müsse sich aus diesen Gründen darauf beschränken, festzustellen, ob

- Verfahrensvorschriften eingehalten wurden,
- ein zutreffender Sachverhalt zugrunde gelegt wurde,
- allgemeingültige Bewertungsgrundsätze beachtet wurden und
- keine sachfremden Erwägungen in die Bewertung eingeflossen sind.[298]

Auch das *Bundesverfassungsgericht* hat in seiner bisherigen Rechtsprechung in bestimmten Bereichen, so auch im Prüfungsrecht, die Einräumung eines Beurteilungsspielraumes als verfassungsrechtlich zulässig anerkannt.[299] Die Rechtsprechung des *Bundesverwaltungsgerichtes* in prüfungsrechtlichen Fällen hat es jedoch durch zwei grundlegende Entscheidungen aus dem Jahr 1991 teilweise revidiert, indem es den Umfang des Beurteilungsspielraumes der Verwaltung bei Prüfungsentscheidungen beschnitten und die gerichtliche Prüfungskompetenz erweitert hat.[300] In beiden Urteilen, die auf Prüfungen, die über den Berufszugang entscheiden, zugeschnitten sind, trifft das *Bundesverfassungsgericht* eine Unterscheidung zwischen prüfungsspezifischen Wertungen[301] und fachlichen Fragen.[302] Bei prüfungsspezifischen Wertungen bleibt es nach Auffassung des Gerichts bei einer eingeschränkten gerichtlichen Kontrolle, da ansonsten die

---

[297] Grundlegend: BVerwGE 8, 272 (273 f.), ständige Rechtsprechung: BVerwGE 57, 130 (136); BVerwG DVBl. 1981, 583 (584); BVerwG NVwZ 1991, 271 ff.

[298] Ständige Rechtsprechung seit BVerwGE 8, 272 (274); so zum Beispiel auch BVerwGE 99, 74 (77).

[299] BVerfGE 11, 168 (191); 39, 334, (354); 54, 173 (197); 61, 82 (111/114 f.); 64, 261 (279); BVerfG DVBl. 1991, 801 (803 f.), 805 (807 f.).

[300] BVerfGE 84, 34 ff und 59 ff.; Siehe auch schon BVerfGE 83, 130 (148). Zu den kritischen Reaktionen auf diese Entscheidungen: Redeker, NVwZ 1992, 305 ff.; Würkner, NVwZ 1992, 309 ff.; Seebass, NVwZ 1992, 609 ff. jeweils mit weiteren Nachweisen.

[301] Damit sind Gesichtspunkte gemeint wie zum Beispiel der Entwurf von Prüfungsfragen, aus denen sich der Schwierigkeitsgrad der Prüfung ergibt, der Gesamteindruck des Prüflings oder die Sicherheit, mit der die Prüfungsleistung erbracht wurde.

[302] BVerfGE 84, 34 (50) und 59 (78 f.); Fachfragen sind solche Fragen, die fachwissenschaftlichen Erörterungen zugänglich sind, gleichgültig, ob sie fachwissenschaftlich geklärt oder in der Fachwissenschaft umstritten sind, Brehm/Zimmerling, NVwZ 2000, 875 (879) unter Verweis auf BVerwG NVwZ 1998, 738 ff.

Gefahr einer vom Vergleichsrahmen unabhängigen Bewertung bestehe und dadurch Bewertungsmaßstäbe verzerrt und der Grundsatz des Chancengleichheit verletzt werden könne.[303] Die Letztentscheidungskompetenz der Prüfungsbehörde bleibe jedoch auf prüfungsspezifische Wertungen beschränkt; bei der fachlichen Richtigkeitskontrolle sei ein Beurteilungsspielraum entgegen der bisherigen Rechtsprechung des *Bundesverwaltungsgerichtes* mit Rücksicht auf Art. 19 Abs. 4 GG nicht gegeben.[304] Ein im Sinne des Art. 19 Abs. 4 GG ausreichender Rechtsschutz sei in dem grundrechtsrelevanten Bereich des Art. 12 Abs.1 GG nur dann gegeben, wenn das Gericht – notfalls mit sachverständiger Hilfe – überprüfe, ob die Prüfung in fachlicher Hinsicht rechtsfehlerfrei abgelaufen und eine vertretbare Lösung nicht zu Unrecht als falsch bewertet worden sei.[305] Diese Argumentation verdeutlicht, dass die veränderte Rechtsprechung des *Bundesverfassungsgerichtes*, der sich das *Bundesverwaltungsgericht* inzwischen angeschlossen hat[306], auf der Grundrechtsbezogenheit der Verwaltungsentscheidungen beruht, die sich auf diesem Weg auf die gerichtsverfahrensrechtliche Frage der Reichweite ihrer gerichtlichen Überprüfbarkeit auswirkt.[307]

c) Beurteilungsspielraum bei der Schulbuchzulassung?

aa) Differenzen in Literatur und Rechtsprechung

Wie wirken sich die soeben dargestellten Grundsätze auf das Schulbuchzulassungsverfahren aus? In der Rechtsprechung wird durchgängig ein Beurteilungsspielraum des Kultusministers bei der Schulbuchzulassung bejaht.[308] Dieser Beurteilungsspielraum bezieht sich auf die Frage, ob ein zu prüfendes Schul-

---

[303] BVerfGE 84, 34 (52) und 59 (77).

[304] BVerfGE 84, 34, (54) und 59 (78).

[305] BVerfGE 84, 34 (53) und 59 (78 f.).

[306] BVerwGE 91, 262 (265 f.); 99, 185 (197); 104, 203 (206).

[307] Redeker NVwZ 1992, 305 (308).

[308] Grundlegend BVerwG JR 1973, 436 ff.; im Anschluß daran BVerwG NVwZ 1984, 102 ff.; BVerwGE 79, 298 ff.; BVerwG NVwZ-RR 1990, 18 ff.; BVerfG NVwZ 1990, 54 ff.; OVG Lüneburg, Urteil vom 20.05.1981, Az. 13 OVG A 32/80, 15 ff.; VGH München NVwZ-RR 1993, 357 ff.

buch nach methodischen und didaktischen Grundsätzen in seiner Stoffauswahl und -anordnung den pädagogischen Anforderungen genügt.[309]

Die Frage, ob ein Schulbuch für den Unterrichtsgebrauch geeignet sei und die einzelnen Eignungskriterien der landesrechtlichen Bestimmungen erfülle, sei eine pädagogisch-wissenschaftliche Entscheidung, die nicht vollständig gerichtlich nachprüfbare Wertungen enthalte.[310] Der Kultusminister habe deshalb einen weit gefassten Spielraum bei der Entscheidung über die Eignung, die nur daraufhin gerichtlich überprüfbar sei, ob sie auf sachfremden Erwägungen beruhe, nachvollziehbar sei und von richtigen Tatsachen ausgehe.[311] Der *Verwaltungsgerichtshof München* zieht zur Begründung auch Praktikabilitätserwägungen heran: Wegen der Komplexität der bei der Eignungsbewertung anzustellenden Erwägungen, die nur mit Hilfe von Sachverständigen möglich seien, würden die Funktionsgrenzen des Gerichts überschritten, was zusätzlich für eine beschränkte gerichtliche Nachprüfbarkeit spreche.[312] Einigkeit herrscht auch über die Grenze des Beurteilungsspielraums: Er ende dort, wo gegen das Gebot staatlicher Neutralität und Toleranz verstoßen werde, das dafür Sorge tragen solle, den durch Art. 7 Abs. 1 GG vermittelten Erziehungsauftrag des Staates mit den Schüler- und Elternrechten der Art. 2 Abs. 1 und 6 Abs. 2 S. 1 GG in Einklang zu bringen.[313] Die Frage der unzulässigen Indoktrination fällt aus dem Beurteilungsspielraum der Kultusverwaltung heraus und unterliegt als dessen Begrenzung der umfassenden gerichtlichen Überprüfung.[314]

Auch im Schrifttum überwiegen die Stimmen derjenigen, die der Schulverwaltung bei der Schulbuchzulassung als pädagogisch-didaktischer Entscheidung einen Beurteilungsspielraum einräumen, der im Neutralitäts- und Toleranzgebot

---

309 BVerwG JR 1973, 436 (438); BVerwG NVwZ 1984, 102 (104); BVerwGE 79, 298 (300/309); BVerwG NVwZ-RR 1990, 18 (19); BVerfG NVwZ 1990, 54 (54 f.); OVG Lüneburg, Urteil vom 20.05.1981, Az. 13 OVG A 32/80, S. 17; VGH München, NVwZ-RR 1993, 357 ff.

310 BVerwG JR 1973, 436 (438); BVerwGE 79, 298 (309).

311 BVerwG NVwZ 1984, 102 (104); BVerwG NVwZ-RR 1990, 18 (19); BVerwGE 79, 298 (300).

312 VGH München NVwZ-RR 1993, 357.

313 BVerwG NVwZ-RR 1990, 18 (19); BVerwGE 79, 298 (300); BVerfG NVwZ 1990, 54 (55).

314 BVerwGE 79, 298 (309).

des Staates seine Grenzen findet.[315] Allein *Bryde* lehnt die Annahme eines Beurteilungsspielraums bei der Schulbuchzulassung ab.[316] Er verneint die Übertragbarkeit der Begründung eines Beurteilungsspielraums im Schul- und Prüfungsrecht auf das Schulbuchzulassungsverfahren. Vom Grundsatz der vollständigen gerichtlichen Nachprüfbarkeit einer Verwaltungsentscheidung im Sinne von Art. 19 Abs. 4 GG werde beim pädagogisch-wissenschaftlichen Fachurteil im Prüfungsrecht deshalb eine Ausnahme gemacht, weil es sich dabei um „unwiederholbare", „situationsgebundene" und „höchstpersönliche" Entscheidungen handele.[317] *Bryde* ist der Auffassung, dass der Bereich der beschränkten gerichtlichen Nachprüfbarkeit bei pädagogisch-wissenschaftlichen Sachverhalten nicht automatisch auf die Kultusverwaltung insgesamt bezogen werden dürfe.[318] Zentrale Bedeutung habe der pädagogische Freiraum, der durch einen Beurteilungsspielraum gewahrt werden solle, insbesondere für den Lehrer an der Schule. Sein pädagogisches Ermessen werde durch die Einräumung eines Beurteilungsspielraums für die Kultusverwaltung aber gerade beschnitten. Bei der Schulbuchzulassung gebühre daher dem Lehrer das pädagogisch-wissenschaftliche Fachurteil über die Auswahl geeigneter Schulbücher. Ein weiter Beurteilungsspielraum des Kultusministers bei der Konkretisierung der Zulassungsvoraussetzungen würde den Spielraum des Lehrers aber nachhaltig einschränken oder gar aushöhlen. Insgesamt kommt *Bryde* daher zu dem Ergebnis, dass eine einfache Übertragung der Begründung des Beurteilungsspielraums beim pädagogisch-wissenschaftlichen Fachurteil auf die Schulbuchzulassung mit Art. 19 Abs. 4 GG unvereinbar sei, nicht zuletzt auch, weil es hier an dem laut Rechtsprechung entscheidenden Kriterium für die Einräumung eines Beurteilungsspielraums, nämlich einer personal geprägten Beziehung, fehle.[319] Zudem sei auch aus grundrechtlichen Erwägungen der Entscheidungsspielraum des Kultusministers auf eine Vertretbarkeitskontrolle zu reduzieren

---

[315] Niehues, Schulrecht, Rz 666 f.; Jach, RdJB 1989, 210 (210/212); Kühne, DÖV 1991, 763 (768); Schulze-Fielitz, JZ 1993, 772, der die Schulbuchzulassung als prüfungsähnliche Entscheidung einordnet.

[316] Bryde, Gutachten, S. 58 ff.

[317] Bryde, Gutachten, S. 59, wobei er hierin keine hinreichend geeigneten Bestimmungs- und Abgrenzungskriterien für Bereiche, in denen ein Beurteilungsspielraum gelten soll, sieht, S. 60.

[318] Bryde, Gutachten, S. 61 f.

[319] Bryde, Gutachten, S. 63.

und restriktiv auszulegen: Er dürfe dem jeweiligen Schulbuch nur dann seine Genehmigung versagen, wenn dessen fehlende Eignung nachgewiesen sei, sein Inhalt also zum Beispiel mit der Rechtsordnung nicht in Einklang stehe oder die Ziele des Lehrplans mit Hilfe des Schulbuchs nicht erreicht werden könnten; diese Genehmigungsentscheidung sei auch voll gerichtlich nachprüfbar.[320]

bb) Eigener Lösungsvorschlag

Von dem in Art. 19 Abs. 4 GG festgeschriebenen Grundsatz der vollständigen gerichtlichen Nachprüfbarkeit wird laut Rechtsprechung und Literatur in einzelnen Rechtsgebieten und Fallkonstellationen eine Ausnahme gemacht und der Verwaltung ein begrenzter Beurteilungsspielraum eingeräumt. Im Prüfungsrecht wird die Einräumung eines Beurteilungsspielraums bei pädagogisch-wissenschaftlichen, also prüfungsspezifischen Fragen vor allem mit der besonderen personalen, höchstpersönlichen Beziehung zwischen Prüfer und Prüfling begründet, aus der die Unwiederholbarkeit der Prüfungssituation folgt. Hier soll insbesondere auch die Chancengleichheit der Prüflinge untereinander gewährleistet werden. Neben der inhaltlichen Komponente wird hier also eine situative Komponente eingeführt.

Neben prüfungsrechtlichen Fallgestaltungen wird ein Beurteilungsspielraum auch bei anderen Entscheidungen anerkannt, die nach Fallgruppen unterschieden werden: Zu nennen sind hier Prognoseentscheidungen und Risikobewertungen (besonders im Umwelt- und Wirtschaftsrecht), beamtenrechtliche Beurteilungen, Entscheidungen durch sachverständig besetzte, weisungsfreie Ausschüsse sowie verwaltungspolitisch geprägte Entscheidungen.[321] Alle Sachverhalte, bei denen ein Beurteilungsspielraum anerkannt ist, haben einen gemeinsamen Nenner: In unterschiedlichen Rechtsgebieten werden exekutive Entscheidungen aufgrund von Wertungen, Bewertungen und Abwägungsprozessen getroffen.[322]

---

[320] Bryde, Gutachten, S. 64.
[321] Siehe zur Übersicht und Rechtsprechungsnachweisen im einzelnen Maurer, Verwaltungsrecht, § 7, Rz 37 ff.
[322] BVerwGE 56, 31 (47).

Bei der Eignungsprüfung im Schulbuchzulassungsverfahren geht es, wie bei den prüfungsrechtlichen Fallgestaltungen, um die Beurteilung von fachlichen Fragen, andererseits spielen pädagogisch-wissenschaftliche Entscheidungen, die nicht nach objektiven Wertmaßstäben getroffen werden, eine zentrale Rolle. Zur beispielhaften Veranschaulichung, wie diese pädagogisch-wissenschaftlichen Fragestellungen bei der Schulbucheignungsprüfung inhaltlich aussehen können, sei hier auf den Sachverhalt verwiesen, welcher der Entscheidung des *OVG Lüneburg*[323] zugrunde lag: Die Bewertung des niedersächsischen Kultusministers über die Eignung der Grundschulbuchreihe „Bunte Lesefolgen" ging davon aus, dass die überwiegend konflikt- und problemorientierte Textauswahl bei der Arbeit mit Grundschülern den „Prozess der allmählichen Weltorientierung des Schülers" störe; daneben erschwere auch die oftmals „abstrakt-gesellschaftliche Problematisierungsebene die allmähliche Entwicklung einer Weltsicht", welche die Realität nicht einseitig optimistisch oder pessimistisch sieht, sondern dahin geht, den tatsächlichen Gegebenheiten vom Standpunkt einer eigenen Persönlichkeit ins Auge zu sehen.[324]

Die pädagogische Wirkung eines Schulbuchs auf Schüler einer bestimmten Altersstufe im Hinblick auf seine Textauswahl und didaktisch-methodische Lernstoffaufbereitung kann auf pädagogisch-wissenschaftlicher Grundlage unterschiedlich bewertet und beantwortet werden, ohne dass dieses Werturteil als richtig oder falsch angesehen werden könnte. In die Bewertung fließen naturgemäß persönlichkeitsbedingte Erfahrungen und Ansichten der jeweiligen Prüfer mit ein. Eine objektive Beurteilung, die Aspekte des Wertens und Abwägens nicht enthält, kann es bei pädagogisch-didaktisch-wissenschaftlichen Fragen daher nicht geben. Die Schulbuchzulassung ist zwar anders als prüfungsrechtliche Fallgestaltungen nicht von der besonderen, höchstpersönlichen Beziehung zwischen Prüfling und Prüfer geprägt, ein personaler Aspekt findet jedoch über den materiellen Gehalt und die Eigenart der Zulassungsentscheidung Eingang in die Eignungsprüfung. Wie bei allen Fallgestaltungen, in denen ein Beurteilungsspielraum bejaht wird, geht es auch bei dieser Entscheidung um Wertungen und Abwägungsprozesse. Bei diesen prüfungsspezifischen Fragen ist dem Kultusminister daher ein Beurteilungsspielraum einzuräumen. Die Verwal-

---

[323] OVG Lüneburg, Urteil vom 20.05.1981, Az. 13 OVG A 32/80.
[324] OVG Lüneburg, Urteil vom 20.05.1981, Az. 13 OVG A 32/80, S. 3 f.

tungsentscheidung ist insoweit nur begrenzt gerichtlich überprüfbar, nämlich dahingehend, ob Verfahrensvorschriften eingehalten wurden, die Behörde ihrer Entscheidung den richtigen Sachverhalt zugrunde gelegt hat, keine sachfremden Erwägungen maßgebend waren und allgemeingültige Bewertungsgrundsätze beachtet wurden. Das Gericht darf keine eigene pädagogische Wertung treffen und diese an die Stelle der Verwaltungsentscheidung setzen, sondern übt eine reine Kontrollfunktion aus. Seine Grenze findet der Beurteilungsspielraum des Kultusministers aus grundrechtlichen Erwägungen allerdings im Gebot staatlicher Neutralität und Toleranz. Ob diese Grenze eingehalten wurde, unterliegt der vollen gerichtlichen Kontrolle.

Das gilt auch für fachliche Fragen innerhalb der Eignungsprüfung. Wie im „allgemeinen" Prüfungsrecht werden hier neben den pädagogisch-wissenschaftlichen auch fachliche Fragen[325] beurteilt. Die Notwendigkeit zur Unterscheidung dieser unterschiedlichen Sachbereiche und Fragestellungen ergibt sich aus der veränderten Rechtsprechung des *Bundesverfassungsgericht* zum Prüfungsrecht:[326] Wegen ihrer sachlichen Nähe zu Bewertungsfragen bei der Schulbuchzulassung gilt diese differenzierende Rechtsprechung auch auf diesem Gebiet. Zwar beziehen sich beide Urteile ausdrücklich nur auf die besonders grundrechtsrelevanten Berufszugangsprüfungen. Die dort festgelegten Grundsätze dürften jedoch auch für alle anderen Prüfungen gelten.[327] Der dem Kultusminister einzuräumende Beurteilungsspielraum erstreckt sich daher nur auf die prüfungsspezifischen, pädagogisch-wissenschaftlichen Wertungen. Fachfragen müssen vollständig gerichtlich überprüfbar sein, erforderlichenfalls unter Hinzuziehung von sachverständiger Hilfe. Auf Praktikabilitätserwägungen kann es hier nicht ankommen.[328]

Die weitergehende Kritik von *Bryde* an diesem Ergebnis trifft nicht zu. Er verneint einen Beurteilungsspielraum des Kultusministeriums, der über eine reine Vertretbarkeitskontrolle hinausgeht und will das pädagogisch-wissenschaftliche Fachurteil über die Eignung eines Schulbuchs auf den einzelnen Lehrer übertragen, dessen pädagogische Freiheit durch einen Beurteilungsspielraum des Kul-

---

[325] Zum Beispiel Geschichtsdaten, mathematische und physikalische Formeln.
[326] BVerfGE 84, 34 ff. und 59 ff.
[327] Siehe dazu Maurer, Verwaltungsrecht, § 7, Rz 43 am Ende.
[328] BVerfGE 84, 34 (52 ff.) und 59 (79 f.).

tusministers eingeschränkt würde. Dem ist zunächst entgegenzuhalten, dass die Lehre vom Beurteilungsspielraum für Entscheidungen der Verwaltung entwickelt wurde. Die Zuständigkeit für die Auslegung und Anwendung der landesrechtlichen Zulassungsbestimmungen und den darin enthaltenen unbestimmten Rechtsbegriffen ist dem Kultusministerium übertragen. Falls der Landesgesetzgeber die Kompetenz zur Entscheidung über die Auswahl ohne vorheriges Zulassungsverfahren auf die Schule oder den Lehrer übertragen wollte, könnte er das tun; solange das Landesrecht aber von einem zweistufigen Verfahren ausgeht, sind die so verteilten Zuständigkeiten zu beachten. Ein Freiraum für pädagogische Entscheidungen verbleibt dem Lehrer beziehungsweise den entsprechenden Lehrergremien durch die Befugnisse bei der Entscheidung über die Einführung eines zugelassenen Schulbuchs an der Schule. Dort wird über die Anschaffung und den Gebrauch eines konkreten Schulbuches entschieden, das aus der Liste aller zugelassenen Schulbücher auszuwählen ist. Auch bei der individuellen Unterrichtsgestaltung übt der Lehrer seine pädagogische Freiheit aus. Die von *Bryde* geforderte Beschränkung auf eine reine Vertretbarkeitskontrolle würde die pädagogisch-wissenschaftlichen Wertungen des Kultusministers innerhalb des Beurteilungsspielraums auch nicht überflüssig machen. Denn die Frage, ob ein Schulbuch Zulassungsvoraussetzungen erfüllt oder nicht, setzt selbst ebenfalls eine pädagogisch-wissenschaftliche Wertung voraus.

Im Ergebnis sind deshalb die Grenzen der richterlichen Kontrolle von Schulbuchzulassungsentscheidungen folgendermaßen zu umreißen: Fachfragen sind unbeschränkt nachprüfbar, notfalls mit Hilfe eines Sachverständigen. Prüfungsspezifische Fachurteile sind beschränkt nachprüfbar, nämlich daraufhin, ob Verfahrensvorschriften eingehalten wurden, ein zutreffender Sachverhalt vorausgesetzt wurde, allgemeine Bewertungsgrundsätze beachtet wurden und keine sachfremden Erwägungen in die Bewertung eingeflossen sind. Ein Verstoß gegen das Gebot staatlicher Neutralität und Toleranz als absolute Grenze des ministeriellen Beurteilungsspielraums unterliegt ebenfalls der unbeschränkten gerichtlichen Kontrolle.

III. Verfahrenbeendigung

1. Rechtscharakter der Zulassungsentscheidung

a) Die Zulassungsentscheidung als Verwaltungsakt

Das Zulassungsverfahren endet nach der Eignungsprüfung des Schulbuchs mit der Entscheidung des Kultusministers über die beantragte Genehmigung, die entweder erteilt oder versagt wird. In beiden Fällen handelt es sich um Verwaltungsakte im Sinne des § 35 LVwVfG.[329] Der Kultusminister wird als oberste Landesbehörde selbst oder durch ihm angegliederte Schulinstitute tätig. Mit der Zulassungsentscheidung trifft er eine schulrechtliche und damit öffentlich-rechtliche Regelung eines Einzelfalls, indem er die für ein bestimmtes Schulbuch beantragte Genehmigung einseitig erteilt oder verweigert und damit gegenüber dem Antragsteller eine verbindliche Rechtsfolge setzt.[330] In der Genehmigungsentscheidung ist daher kein unselbständiger Teilakt zu sehen, der erst durch die nachfolgende Entscheidung über die Einführung an der Schule Bedeutung bekommt.[331]

b) Gebundene Entscheidung

Fraglich ist, ob der antragstellende Verlag in dem Fall, in dem die Voraussetzungen, welche die landesrechtlichen Kriterienkataloge aufstellen, erfüllt werden und der Kultusminister im Rahmen des ihm eingeräumten Beurteilungsspielraums die Eignung des Schulbuches zum Unterrichtsgebrauch bejaht, einen Rechtsanspruch auf Erteilung der Zulassung hat.[332] In Bayern, Niedersachsen, Rheinland-Pfalz, Saarland, Sachsen-Anhalt und Thüringen ist bestimmt, dass die beantragte Genehmigung zu erteilen ist beziehungsweise erteilt wird, wenn die Zulassungsvoraussetzungen erfüllt werden. In diesem Fall besteht dem Wortlaut dieser Regelungen zufolge ein Rechtsanspruch auf eine positive Zulassungsentscheidung. In den Bestimmungen der übrigen Bundesländer ist die-

---

329 Avenarius/Heckel, Schulrechtskunde, S. 630 mit weiteren Nachweisen.

330 Bryde, Gutachten, S. 54; OVG Lüneburg, Urteil vom 20.05.1981, Az. 13 OVG A 32/80, S. 9.

331 OVG Lüneburg, Urteil vom 20.05.1981, Az. 13 OVG A 32/80, S. 10.

332 Bryde, Gutachten, S. 63 f.; Birk, Festschrift für Oppermann, S. 47 (58) auf Bayern bezogen.

ser Punkt nicht ausdrücklich geregelt. Hier werden die einzelnen Zulassungsvoraussetzungen benannt und bestimmt, dass deren Vorliegen zu prüfen ist.
Ferner wird dem Kultusminister die Entscheidung über die Zulassung übertragen. Die Regelungen sind nicht als Kann-Bestimmungen zu qualifizieren. Wenn
die Zulassungskriterien als Genehmigungsvoraussetzungen erfüllt sind, resultiert daraus ein Rechtsanspruch auf Erteilung der beantragten Genehmigung.[333]
Umgekehrt muss in dem Fall, in dem die Eignungskriterien nicht vorliegen, eine
Versagung der Genehmigung erfolgen.

2. Zulässigkeit von Nebenbestimmungen

In fast allen Bundesländern werden erteilte Genehmigungen mit Nebenbestimmungen versehen. In der Regel steht es, den Zulassungsbestimmungen der Länder zufolge, zumindest im Ermessen der Behörde, die Schulbuchgenehmigung
befristet, unter Auflagen, Bedingungen oder unter Widerrufsvorbehalt zu erteilen.[334]

Grundsätzlich gilt nach § 36 Abs. 1 LVwVfG, dass Nebenbestimmungen bei
rechtlich gebundenen Verwaltungsakten, auf die ein Rechtsanspruch besteht,
nur zulässig sind, wenn sie durch Rechtsvorschrift zugelassen sind oder wenn
sie sicherstellen sollen, dass die gesetzlichen Voraussetzungen des Verwaltungsakts erfüllt werden. Dadurch soll die unzulässige Einschränkung des
Rechtsanspruchs auf den Erlass eines Verwaltungsakts verhindert werden.[335]
Ordnet eine Rechtsvorschrift außerhalb des Verwaltungsverfahrensgesetzes die
Zulässigkeit von Nebenbestimmungen an, so sind diese dem Verwaltungsakt
nach den spezialgesetzlichen Vorgaben und nicht nach dem allgemeinen Ver-
fahrensgesetz beizufügen. Unter Rechtsvorschriften im Sinne des § 36 Abs. 1
LVwVfG sind gesetzliche Regelungen zu verstehen, das heißt sowohl formelle
als auch materielle Gesetze (Rechtsverordnungen, Satzungen).

Da, wie bereits festgestellt, bei Vorliegen der landesspezifisch geregelten Eignungskriterien ein Rechtsanspruch auf Erteilung der Zulassung besteht, darf die
Genehmigung gemäß § 36 Abs. 1 LVwVfG grundsätzlich keine Nebenbestim-

---

[333] So auch VGH München NVwZ-RR 1993, 357 ff. mit weiteren Nachweisen.
[334] Regelungen zu Nebenbestimmungen fehlen nur im Saarland.
[335] Henneke in: Knack, VwVfG, § 36, Rz 18.

mungen enthalten. Etwas anderes gilt nur bei Vorliegen der in § 36 Abs. 1 LVwVfG genannten Ausnahmen. In den landesrechtlichen Zulassungsbestimmungen über Nebenbestimmungen zu einer erteilten Schulbuchgenehmigung sind Spezialvorschriften im Sinne des § 36 Abs. 1, 1. Alt. LVwVfG zu sehen, so dass die Zulässigkeit von Nebenbestimmungen nach diesen Rechtsvorschriften zu beurteilen ist. Dies gilt allerdings nur für die Bundesländer, welche die Schulbuchzulassung rechtssatzmäßig durch Gesetz oder aufgrund dieses Gesetzes durch Rechtsverordnung ausgestaltet haben. In den Bundesländern, in denen diese Fragen nicht im Schulgesetz geregelt sind, sondern die Schulbuchzulassung insgesamt nur auf einer Verwaltungsvorschrift beruht, liegen die notwendigen Voraussetzungen des § 36 Abs. 1, 1. Alt. LVwVfG nicht vor. Das ist in Berlin, Bremen, Mecklenburg-Vorpommern, Niedersachsen, Nordrhein-Westfalen, Rheinland-Pfalz und Sachsen-Anhalt der Fall. Die dort existierenden Regelungen über Nebenbestimmungen sind unzulässig, die daraufhin mit Nebenbestimmungen versehenen Genehmigungen sind rechtswidrig.

Etwas anderes gilt nur für Nebenbestimmungen, deren Erlass die Erfüllung der Zulassungsvoraussetzungen garantieren soll, § 36 Abs. 1, 2. Alt. LVwVfG. Dies ist etwa der Fall bei der Erteilung der Genehmigung unter der Auflage oder Bedingung der vorherigen Beseitigung festgestellter Mängel des zuzulassenden Schulbuches. Denn die Erteilung der Genehmigung unter dieser Auflage ist ein milderes Mittel als die Versagung der Zulassung unter Hinweis auf seine mangelnde Eignung und damit zulässig.

3. Bekanntgabe der Entscheidung

Gemäß § 43 Abs. 1 LVwVfG wird ein Verwaltungsakt im Zeitpunkt seiner Bekanntgabe an den oder die Betroffenen wirksam. Die Bekanntgabe erfolgt gemäss § 41 LVwVfG grundsätzlich formfrei. In den landesrechtlichen Bestimmungen zur Schulbuchzulassung ist jedoch regelmäßig die schriftliche Bekanntgabe an den Antragsteller vorgesehen, insoweit ergeben sich hier keine weiteren Schwierigkeiten.

4. Bestandskraft der erteilten Schulbuchzulassung und Widerrufsmöglichkeiten

Wann die Bestandskraft der Zulassungsentscheidung eintritt, hängt vom Zeitpunkt der Bekanntgabe an den Betroffenen ab. Die formelle Bestandskraft tritt nach Ablauf der gesetzlich geregelten Rechtsbehelfs- und Rechtsmittelfristen (§§ 70, 58 Abs. 2 VwGO) oder aber nach Rechtswegerschöpfung ein. Mit diesem Zeitpunkt wird die Zulassung für den Betroffenen unanfechtbar. Die Behörde hat aber unter bestimmten Voraussetzungen von sich aus die Möglichkeit, ihren eigenen, formell bestandkräftig gewordenen Verwaltungsakt aufzuheben, und zwar entweder zurückzunehmen oder zu widerrufen (§§ 48 f. LVwVfG). Rücknahme und Widerruf sind, wie die aufzuhebende Entscheidung, ebenfalls als Verwaltungsakte anzusehen.[336]

Die Zulassung eines Schulbuches zum Unterrichtsgebrauch ist, da sie dem Verlag eine Rechtsposition einräumt, ein begünstigender Verwaltungsakt. Wurde das Schulbuch anhand der geltenden Lehrpläne und Rahmenrichtlinien für den Schulunterricht in bestimmten Fächern geprüft und als geeignet befunden, wurde die Zulassungsentscheidung zum Erlasszeitpunkt auch rechtmäßig getroffen. Die Aufhebung der Zulassung hat sich deshalb an § 49 Abs. 2 LVwVfG zu orientieren.

a) Der Widerrufsgrund des § 49 Abs. 2 Nr. 1 LVwVfG

Ein Widerruf gemäss § 49 Abs. 2 LVwVfG kann aus unterschiedlichen Gründen erfolgen. Bei der Schulbuchzulassung kommt der Widerrufsgrund des § 49 Abs. 2 Nr. 1, 1. Alt. LVwVfG nicht in Betracht, weil in den unterschiedlichen Landesbestimmungen zur Schulbuchzulassung keine selbständigen Widerrufsregelungen normiert sind. Gemäß § 49 Abs. 2, Nr. 1, 2. Alt. LVwVfG ist ein Widerruf möglich, wenn die erteilte Genehmigung zulässigerweise einen Widerrufsvorbehalt enthält und der Widerruf der Genehmigung aufgrund dieses Vorbehalts erfolgt. Diese Regelung steht in einem engen sachlichen Zusammenhang zu § 36 LVwVfG. Denn gemäß § 49 Abs. 2 Nr. 1, 2. Alt. LVwVfG darf der Widerruf nur dann erfolgen, wenn der Widerrufsvorbehalt dem Verwaltungsakt beigefügt werden durfte, also im Rahmen des § 36 LVwVfG recht-

---

336 Maurer, Verwaltungsrecht, § 11, Rz 20.

lich nicht zu beanstanden ist.[337] Hier ist auf die Ausführungen zur Zulässigkeit von Nebenbestimmungen bei der Schulbuchzulassung zu verweisen[338]: In den Bundesländern, in denen rechtssatzmäßig geregelt ist, dass der Zulassung ein Widerrufsvorbehalt beizufügen ist bzw. beigefügt werden kann, ist der Widerruf gemäss § 49 Abs. 2 Nr. 1, 2. Alt. LVwVfG zulässig. In allen anderen Bundesländern ist ein Widerruf aufgrund dieser Vorschrift nicht möglich.

b) Der Widerrufsgrund des § 49 Abs. 2 Nr. 2 LVwVfG

§ 49 Abs. 2 Nr. 2 LVwVfG eröffnet in den Fällen, in denen die Genehmigung zulässigerweise mit einer Auflage verbunden wurde, eine Widerrufsmöglichkeit, wenn die Auflage nicht ordnungsgemäß erfüllt wurde. Wie oben unter E. III. 3. gezeigt, ist die Erteilung einer Schulbuchzulassung unter der Auflage der vorherigen Beseitigung festgestellter Mängel gemäss § 36 Abs. 1, 2. Alt. LVwVfG zulässig. Im Fall der Nichterfüllung der Auflage kann der Widerruf der Genehmigung daher gemäß § 49 Abs. 2 Nr. 2 LVwVfG erfolgen.

c) Der Widerrufsgrund des § 49 Abs. 2 Nr. 3 LVwVfG

Die durch § 49 Abs. 2 Nr. 1 und 2 LVwVfG nicht erfassten Fälle könnten aber in den Anwendungsbereich der Nr. 3 dieser Vorschrift fallen. Typischerweise stellt sich hier das Problem des Widerrufs einer erteilten Schulbuchzulassung dann, wenn während der Geltungsdauer der Genehmigung Lehrpläne und Rahmenrichtlinien verändert werden. Die Frage der Eignung eines zugelassenen Schulbuchs im Hinblick auf seine Lehrplan- und Richtlinienkonformität stellt sich nun neu: Kann die erteilte Genehmigung widerrufen werden, wenn das Schulbuch den Eignungskriterien für den Unterrichtsgebrauch nicht mehr genügt? Wenn der Widerruf nicht bereits gemäß § 49 Abs. 2 Nr. 1 und 2 erfolgen kann, stellt sich die Frage der Anwendbarkeit des § 49 Abs. 2 Nr. 3 LVwVfG. Ein Verwaltungsakt kann danach widerrufen werden, wenn der nachträgliche Eintritt neuer Tatsachen die Behörde berechtigen würde, den Verwaltungsakt nicht zu erlassen, und der Widerruf im öffentlichen Interesse notwendig wäre.

---

[337] Meyer in: Knack, VwVfG, § 49, Rz 43.
[338] Siehe oben unter Teil E. III. 3.

Nach Ansicht des *Bundesverwaltungsgerichts* kann die Aufhebung einer erteilten Schulbuchzulassung auf diesen Widerrufsgrund gestützt werden, wenn neu
eingetretene Tatsachen eine andere Bewertung der Zulassungsentscheidung
notwendig machen.[339] Eine Änderung von Tatsachen liege vor, wenn aufgrund
neuer wissenschaftlicher Erkenntnisse bestimmte, schon bei Erlass der Genehmigung bekannte und berücksichtigte Tatsachen anders bewertet würden. Bei
der Schulbuchzulassung liege eine solche Veränderung darin, dass sich Lerninhalte und -ziele wandelten und dieser Wandel sich in geänderten Lehrplänen
und Rahmenrichtlinien niederschlage. Dagegen spreche nicht, dass der Kultusminister sowohl über die Änderung von Rahmenrichtlinien und Lehrplänen als
auch über den Widerruf einer Schulbuchgenehmigung entscheide. Nicht in der
Veränderung dieser Richtlinien lägen die neuen Tatsachen, sondern in den diesen Richtlinien zugrunde liegenden neuen wissenschaftlichen Erkenntnissen
und Bewertungen. Auch das öffentliche Interesse an dem Widerruf einer Schulbuchgenehmigung liege in diesen Fällen vor, da es hier um Aufgaben der staatlichen Schulaufsicht im Sinne des Art. 7 Abs. 1 GG gehe, deren Wahrnehmung
gewährleistet werden müsse.[340] Diese Ansicht teilt auch das *OVG Lüneburg*.[341]

Bryde hält in den genannten Fällen dagegen die Annahme eines Widerrufsgrun-
des gemäß § 49 Abs. 2 Nr. 3 LVwVfG für verfehlt. Er sieht in der Argumentation des *Bundesverwaltungsgerichts*, die veränderten Tatsachen im Sinne dieser
Vorschrift lägen nicht in veränderten Rahmenrichtlinien und Lehrplänen, sondern in den ihnen zugrundeliegenden neuen wissenschaftlichen Erkenntnissen,
nur eine Umgehung des sich stellenden Problems.[342] Nicht die ständig kontrovers diskutierten wissenschaftlichen Erkenntnisse, die eine Änderung der
Richtlinien und Lehrpläne bewirkten, sondern nur die schulpolitisch motivierte
Bewertung dieser Erkenntnisse durch die Entscheidungsträger bei der Bestimmung von Lerninhalten und -zielen habe sich geändert. Eine andere Beurteilung

---

339 BVerwG NVwZ 1984, 102 (103).
340 BVerwG NVwZ 1984, 102 (103).
341 OVG Lüneburg, Urteil vom 20.05.1981, Az. 13 OVG A 31/80, S. 15 f.; im Ergebnis
   gleich, jedoch ohne Begründung: Niehues, Schulrecht, Rz 589.
342 Bryde, Gutachten, S. 71.

von Tatsachen und Verhältnissen durch die Schulbehörde reiche aber zur Erfüllung der Voraussetzungen des § 49 Abs. 2 Nr. 3 LVwVfG nicht aus.[343]

Für die Frage, welche Argumentation bei der Frage der Anwendbarkeit des § 49 Abs. 2 Nr. 3 LVwVfG schlüssiger ist, kommt es entscheidend darauf an, ob es sich bei der in Rahmenrichtlinien und Lehrplänen dokumentierten Veränderung von Lernzielen und -inhalten, die als ein wesentlicher Maßstab für die Beurteilung der Eignung eines Schulbuches dienen, um neue Tatsachen aufgrund neu gewonnener wissenschaftlicher Erkenntnisse handelt oder ob hier nicht nur eine Neubewertung bereits bekannter wissenschaftlicher Ergebnisse, also ein bloßer „Meinungswandel" stattgefunden hat. Dieser würde als Widerrufsgrund im Sinne von Nr. 3 nicht ausreichen.

Sowohl *Bryde* als auch die oben zitierte Rechtsprechung von *Bundesverwaltungsgericht* und *OVG Lüneburg* gehen bei der Beantwortung dieser Frage von bestimmten, konkret nicht belegten Prämissen aus: Die Rechtsprechung unterstellt, dass die Änderung von Lerninhalten und -zielen, die regelmäßig die Veränderung von Lehrplänen und Rahmenrichtlinien zur Folge hat, immer auf neuen wissenschaftlichen Erkenntnissen beruht. Eine andere Bewertung der Eignung eines Schulbuches aufgrund dieser neuen wissenschaftlichen Erkenntnisse ist danach eine nachträglich eingetretene Tatsache im Sinne von Nr. 3. *Bryde* behauptet hingegen, dass die Veränderung von Lernzielen und -inhalten nicht auf den veränderten und damit neuen wissenschaftlichen Erkenntnissen beruht, sondern aufgrund schulpolitisch motivierter neuer Beurteilungen altbekannter Verhältnisse getroffen wird. Die Unzulänglichkeit beider Ansichten liegt darin, dass der Grund für die Veränderung von Lernzielen und -inhalten vom konkreten Einzelfall losgelöst beurteilt wird. Übereinstimmend mit *Bryde* ist davon auszugehen, dass Entscheidungen über die Bestimmung von Lerninhalten und -zielen vorrangig oder sogar ausschließlich schulpolitisch motiviert sein können. In der pädagogischen Wissenschaft existieren, wie in jeder anderen Wissenschaft auch, verschiedene Denkansätze und Grundströmungen. Erkenntnisse im Bereich der Methodik, Didaktik und Fachwissenschaft wirken ineinander; in allen Bereichen herrschen unterschiedliche Auffassungen, die Einfluss auf die Bestimmung von Unterrichtsinhalten, Unterrichtszielen und die

---

[343] Bryde, Gutachten, S. 71 f. So die herrschende Meinung, siehe Kopp/Ramsauer, VwVfG, § 49, Rz 45 mit weiteren Nachweisen.

Art und Weise ihrer Vermittlung im Schulunterricht haben. Neben den unterschiedlichen Richtungen in der Erziehungswissenschaft[344] gibt es zahlreiche didaktische Modelle[345] und neue Tendenzen in den einzelnen Fachwissenschaften. Welcher der existierenden unterschiedlichen Auffassungen man sich anschließt, ist vorrangig als schulpolitische Frage anzusehen. Auch vor der Erteilung einer Schulbuchgenehmigung sind die verschiedenen wissenschaftlichen Strömungen und Ansichten bekannt. Bei der Lehrplanentwicklung geht es auch darum, den bildungspolitischen Gestaltungswillen für den Schulunterricht im jeweiligen Schulfach zu konkretisieren.[346] Grund für die Veränderung von Lernzielen ist daher oft eine Neubewertung bereits bekannter wissenschaftlicher Erkenntnisse aufgrund bildungspolitischer Auffassungen. Darin wäre allerdings keine nachträglich eingetretene Tatsache im Sinne des § 49 Abs. 2 Nr. 3 LVwVfG zu sehen.

Andererseits darf bei dieser allgemeinen, vom Einzelfall losgelösten Beurteilung, nicht übersehen werden, dass die Veränderung von Lerninhalten und -zielen zwar schulpolitisch motiviert sein kann, aber nicht notwendigerweise sein muss. Sie kann auch auf neuen wissenschaftlichen Erkenntnissen beruhen, die eine Veränderung von Lerninhalten erst notwendig machen. Andernfalls würde man der Pädagogik und den einzelnen Fachdisziplinen den Wissenschaftscharakter absprechen, denn wissenschaftlich neu gewonnene Erkenntnisse, die eine veränderte Unterrichtsgestaltung erfordern, müsste man dann grundsätzlich ausschließen. Das ist genauso unrichtig wie die in der Rechtsprechung getroffene Unterstellung, die Veränderung von Lehrplänen- und Rahmenrichtlinien beruhe immer auf neuen wissenschaftlichen Erkenntnissen. Die Lösung des Problems liegt daher in einer differenzierten und einzelfallbezogenen Beurteilung der Umstände, die den Eintritt neuer Tatsachen begründen können. In der gerichtlichen Praxis wird die Beantwortung dieser Fragen in jedem Einzelfall schwierig sein, trotzdem ist ein verallgemeinernder Lösungsansatz als unzureichend anzusehen.

---

344 Überblick bei Gudjons, Pädagogisches Grundwissen, S. 30 ff.

345 Überblick bei Gudjons/Winkel, Didaktische Theorien, S. 13 ff.

346 Rauin/Tillmann/Vollstädt in: Rolff/ Bauer/Klemm/Pfeiffer, Jahrbuch der Schulentwicklung, Bd. 9, S. 377 (399).

Im Ergebnis kommt es auf die Beurteilung des Einzelfalls an, ob die Veränderung von Bildungszielen und -inhalten eine nachträglich eingetretene Tatsache im Sinne des § 49 Abs. 2 Nr. 3 LVwVfG und ein darauf gestützter Widerruf einer Schulbuchzulassung rechtmäßig ist. Das ist nur dann der Fall, wenn diese Veränderung auf neuen wissenschaftlichen Erkenntnissen beruht und nicht aufgrund einer schulpolitisch anderen Bewertung erfolgt.

IV. Die Einführung eines zugelassenen Schulbuches als Verwaltungsakt

Nach der Entscheidung über die Zulassung eines Schulbuchs folgt die Entscheidung an den einzelnen Schulen, welches der zugelassenen Bücher in einem bestimmten Fach eingeführt und angeschafft werden soll. Auch im Hinblick auf Rechtsschutzmöglichkeiten stellt sich die Frage, welchen Rechtscharakter diese Einführungsentscheidung hat.

Das *Bundesverwaltungsgericht*[347] hatte in seinem Berufungsurteil vom 21.11.1980 unter anderem über diese Frage zu entscheiden. In dem Verfahren ging es um die Klage einer Schülerin und ihrer Eltern, die sich gegen die Verwendung eines bestimmten Deutschbuches gewendet hatten. Während die Vorinstanz die Verwaltungsaktsqualität der Einführung ausdrücklich bejaht hatte, stellte das *Bundesverwaltungsgericht* auf eine Besonderheit des konkreten Einzelfalls ab, um eine Beantwortung dieser Frage umgehen zu können. Dort hatte die Schulbehörde auf das Verlangen der Kläger, die weitere Benutzung des angegriffenen Schulbuchs zu unterlassen, mit einem ablehnenden Bescheid reagiert, der mit einer Rechtsmittelbelehrung über eine daraufhin zu erhebende Anfechtungsklage versehen war. Das Gericht folgerte daraus, dass auch bei Verneinung der Verwaltungsaktqualität der Einführungsentscheidung die Entscheidung über die Verwendung des angegriffenen Schulbuches gegenüber den Beschwerdeführern als Verwaltungsakt anzusehen sei, wenn die zuständige Behörde durch förmlichen Bescheid auf die Beschwerde von Eltern und Schülern reagiere. Diese Argumentation umgeht die Beantwortung nach dem Rechtscharakter der Einführungsentscheidung, die aber in den Fällen, in denen es an einem solchen förmlichen Bescheid fehlt, weiterhin entscheidend ist, weshalb hier näher auf sie eingegangen werden soll. Gemäß § 35 VwVfG ist ein Verwal-

---

[347] BVerwGE 61, 164 (168).

tungsakt jede hoheitliche Maßnahme, die eine Behörde zur Regelung eines Einzelfalls auf dem Gebiet des Öffentlichen Rechts trifft und die auf unmittelbare Rechtswirkung nach außen gerichtet ist. An dieser Stelle soll nur auf die problematischen Merkmale eingegangen werden.

1. Behörde

Gemäß § 1 Abs. 4 LVwVfG ist eine Behörde jede Stelle, die Aufgaben der öffentlichen Verwaltung wahrnimmt, also jede organisatorisch selbständige Instanz, soweit sie mit Verwaltungsaufgaben betraut ist.[348] In den landesrechtlichen Bestimmungen über die Schulbuchzulassung ist die Zuständigkeit für die Einführung geregelt. Das sind in der Regel Fach- und Gesamtkonferenzen. Diese Gremien nehmen als organisatorisch eigenständige Einheiten Schulverwaltungsaufgaben wahr und fallen daher unter den weit gefassten Behördenbegriff des § 1 Abs. 4 VwVfG.

2. Regelung

Eine Regelung liegt vor, wenn die Behörde mit einer Willenserklärung eine verbindliche Rechtsfolge setzen will.[349] Mit der Einführung trifft das zuständige Schulgremium eine Entscheidung über die Verwendung eines konkreten Schulbuchs in einem bestimmten Schulfach für Schüler einer bestimmten Klassenstufe. Diese Entscheidung ist als Vorgabe für die Verwendung verbindlich, insofern hat sie Regelungscharakter.

3. Einzelfall

Die Regelung eines Einzelfalls liegt jedenfalls dann vor, wenn ein konkreter Sachverhalt und eine bestimmte Person betroffen ist, die Regelung somit konkret-individuellen Charakter hat.[350] Die Regelung ist aber auch dann noch individuell, wenn sie sich nicht an eine Person, sondern an einen individuell bestimmbaren und damit bestimmten Personenkreis wendet; der Personenkreis

---

[348] Siehe dazu Bonk in: Stelkens/Bonk/Sachs, VwVfG, § 1, Rz 224 ff.
[349] Maurer, Verwaltungsrecht, § 9, Rz 6.
[350] Maurer, Verwaltungsrecht, § 9, Rz 15.

muss im Erlasszeitpunkt also objektiv feststehen.[351] Von der Einführung eines Schulbuches sind neben den Lehrern alle Schüler, die in mit dem eingeführten Schulbuch unterrichtet werden, betroffen. Das gilt auch für die Eltern dieser Schüler. Dieser Personenkreis steht zum Zeitpunkt des Erlasses der Entscheidung objektiv fest und ist deshalb bestimmbar. Es handelt sich also um die Regelung eines Einzelfalls.

4. Außenwirkung

Die Regelung entfaltet auch unmittelbare Rechtswirkung nach außen. Sie ist dazu bestimmt, für Eltern und Schüler als außerhalb der Verwaltung stehende Personen eine Rechtsfolge herbeizuführen. Die Konkretisierung der Unterrichtsinhalte durch die Entscheidung über die Verwendung eines bestimmten Schulbuchs betrifft daher die Erziehungsrechte der Eltern und die Freiheitsrechte des einzelnen Schülers.

Bei der Entscheidung über die Einführung handelt es sich daher um einen Verwaltungsakt im Sinne des § 35 VwVfG.[352] Dieser Umstand spielt insbesondere für die im folgenden zu erörternden Rechtsschutzfragen eine Rolle.

---

[351] Maurer, Verwaltungsrecht, § 9, Rz 16.
[352] So auch Avenarius/Heckel, Schulrechtskunde, S. 636.

F. Rechtsschutz im Verwaltungsprozess

Nachdem bislang materiell-rechtliche und verfahrensrechtliche Fragen im Vordergrund standen, soll nun auf prozessuale Probleme eingegangen werden. Hier geht es darum, wie die durch das Schulbuchzulassungsverfahren Betroffenen ihre subjektiven Rechte im Verwaltungsprozess durchsetzen können. Die Untersuchung konzentriert sich auf die typischen Fallgestaltungen und insbesondere auf die statthaften Klagearten. Da auf materiell-rechtliche Fragestellungen an anderer Stelle bereits ausführlich eingegangen wurde, liegt der Schwerpunkt der Ausführungen auf Zulässigkeitsproblemen; Fragen der Begründetheit der einzelnen Klagen werden nur am Rande behandelt.

I. Verlag und Autor

1. Genehmigungsversagung

Der häufigste Fall, in dem Verlag beziehungsweise Autor bei der Schulbuchzulassung eine gerichtliche Klärung anstreben werden, ist die Versagung der beantragten Genehmigung.

a) Zulässigkeit der Klage

Zunächst müsste der **Verwaltungsrechtsweg** eröffnet sein. Das ist gemäß § 40 Abs. 1 VwGO dann der Fall, wenn es sich um eine öffentlich-rechtliche Streitigkeit nichtverfassungsrechtlicher Art handelt. Ob eine Streitigkeit als öffentlich-rechtlich oder privatrechtlich zu qualifizieren ist, richtet sich nach der Natur des Rechtsverhältnisses, aus dem der Klageanspruch hergeleitet wird. Öffentlich-rechtlich ist ein Streit dann, wenn er sich aus einem Sachverhalt ergibt, der nach Öffentlichem Recht zu beurteilen ist.[353] Voraussetzung für die Verwendung eines Schulbuches im Unterricht ist seine Zulassung in dem eigens dafür eingerichteten staatlichen Zulassungsverfahren, das auf Art. 7 Abs. 1 GG basiert und in den einzelnen Schulgesetzen und Zulassungsverordnungen und

---

[353] Kopp/Schenke, VwGO, § 40, Rz 6; Maurer, § 3, Rz 17 ff.; Hufen, Verwaltungsprozessrecht, § 11, Rz 21 ff.

-erlassen der Länder ausgestaltet ist. Den Verlagen geht es darum, die durch diese öffentlich-rechtlichen Bestimmungen geregelte Schulbuchgenehmigung zu bekommen. Der Verwaltungsrechtweg ist daher gem. § 40 Abs. 1 VwGO gegeben.

Welche **Klage statthaft** ist, hängt von der klägerischen Begehr, also von dem in der Klage geltend gemachten Anspruch ab[354]: Was will der Kläger erreichen und mit welcher Klage kann er das am besten?

Der Verlag stellt den Antrag auf Zulassung eines bestimmten Schulbuchs in einem bestimmten Bundesland. Wird dieser Antrag abschlägig beschieden und die Zulassung verwehrt, muss das Klageziel sein, die Behörde als Beklagte zu verpflichten, die beantragte Genehmigung, die als Verwaltungsakt im Sinne des § 35 S. 1 VwVfG anzusehen ist, zu erteilen. Es reicht daher nicht aus, den ablehnenden Bescheid des Kultusministeriums mit der Anfechtungsklage anzugreifen, vielmehr muss der klagende Verlag gemäß § 42 Abs. 1 VwGO eine Verpflichtungsklage erheben, die auf den Erlass der Genehmigung gerichtet ist. Es handelt sich dabei um eine Verpflichtungsklage in Form der sogenannten Versagungsgegenklage.

Weitere Zulässigkeitsvoraussetzung ist das Vorliegen der **Klagebefugnis**, die in der Regel dann gegeben ist, wenn der Kläger geltend machen kann, durch die Ablehnung oder die Nichtbescheidung des begehrten Verwaltungsakts in eigenen Rechten verletzt zu sein, § 42 Abs. 2 VwGO. Ausreichend ist hier, dass die Möglichkeit einer Rechtsverletzung besteht; ob diese dann tatsächlich vorliegt, ist eine Frage der Begründetheit der Klage. Eine Rechtsverletzung ist jedenfalls dann möglich, wenn Rechtssätze zur Anwendung kommen, die auch dem Schutz von Interessen dienen, die der Kläger geltend macht.[355] Dem Verlag geht es als Kläger um den Erlass der Schulbuchgenehmigung, die als Verwaltungsakt anzusehen ist. Er begehrt damit die Einräumung einer Begünstigung. Wird ihm diese Begünstigung verwehrt, werden seine Freiheitsrechte, vor allem sein Recht auf Pressefreiheit, eingeschränkt. Daher besteht hier zumindest die Möglichkeit einer Verletzung eigener Rechte. Die Klagebefugnis ist also zu bejahen.

---

[354] Bader/Funke-Kaiser, VwGO, Vor § 42, Rz 2; bezogen auf die Anfechtungsklage Schenke, Verwaltungsprozessrecht, Rz 178.

[355] Kopp/Schenke, VwGO, § 42, Rz 59, 66 mit weiteren Nachweisen.

Grundsätzlich ist vor Erhebung der Verpflichtungsklage in Form der Versagungsgegenklage ein **erfolgloses Widerspruchsverfahren** durchzuführen, § 68 Abs. 2 in Verbindung mit Abs. 1 S. 2 VwGO. In bestimmten Ausnahmevorfällen kann von der vorherigen Überprüfung in einem Vorverfahren jedoch abgesehen werden. Gemäß § 68 Abs. 2 Nr. 1 VwGO ist ein Vorverfahren unter anderem entbehrlich, wenn die Ablehnung des Erlasses eines Verwaltungsakts von einer obersten Bundes- oder Landesbehörde erfolgt ist. Soweit das Kultusministerium als oberste Landesbehörde[356] für die Entscheidung über die Schulbuchzulassung zuständig ist, entfällt ein Vorverfahrens. Wenn die Zuständigkeit nach dem jeweiligen Landesrecht auf Schulinstitute übertragen wurde[357], die allenfalls auf der Ebene von Oberbehörden anzusiedeln sind, liegt kein Fall des § 68 Abs. 1 S. 2 Nr. 1 VwGO vor. Ein Vorverfahren ist in diesen Fällen durchzuführen.

Die Erhebung einer Versagungsgegenklage ist an Fristen und Formerfordernisse gebunden. Sie muss gemäß § 74 Abs. 2 in Verbindung mit § 74 Abs. 1 VwGO innerhalb eines Monats nach Bekanntgabe des Ablehnungsbescheids erhoben werden, es sei denn, es liegt ein Fall des § 58 Abs. 2 VwGO vor, in dem sich die Klagefrist auf ein Jahr verlängert.

b) Begründetheit der Klage

Die Verpflichtungsklage auf Erteilung der Schulbuchgenehmigung ist gemäß § 113 Abs. 5 VwGO begründet, wenn die Ablehnung oder Untätigkeit rechtswidrig und der Kläger dadurch in seinen Rechten verletzt ist. Hier geht es um die Frage, ob der Kläger einen materiell-rechtlichen Anspruch auf Erteilung des begehrten Verwaltungsakts geltend machen kann und die Ablehnung oder Nichtbescheidung deshalb rechtswidrig ist.[358]

Da bei der Schulbuchzulassung die Behörde einen Beurteilungsspielraum hinsichtlich des Vorliegens der Zulassungsvoraussetzungen hat, ist der Erlass eines Bescheidungsurteils im Sinne des § 113 Abs. 5 S. 2 VwGO möglich, bei dem das Gericht die ablehnende Entscheidung der Behörde aufhebt, aber aufgrund

---

[356] Siehe dazu Rennert in: Eyermann/Fröhler, VwGO, § 68, Rz 25.
[357] Siehe oben unter B. III. 5. c).
[358] Hufen, Verwaltungsprozessrecht, § 26, Rz 3.

fehlender Spruchreife nicht abschließend über die Frage entscheidet, ob die Genehmigung zu erlassen ist oder nicht. Hat der Kläger einen Verpflichtungsantrag gestellt, entscheidet das Gericht aber nur durch Bescheidungsurteil, hat der Kläger im Sinne seines Klageantrags weniger erreicht als gewollt. Die Klage ist daher im übrigen abzuweisen und ein Teil der entstandenen Verfahrenskosten dem Kläger aufzuerlegen.[359]

2. Nichtbescheidung des Antrags auf Zulassung

Daneben kann auch die Nichtbescheidung eines gestellten Antrags auf Schulbuchzulassung Grund für eine Klageerhebung sein. Hat die Behörde über den gestellten Zulassungsantrag innerhalb einer angemessenen Frist nicht entschieden, ist die Verpflichtungsklage in Form der Untätigkeitsklage gem. § 75 VwGO statthaft. Diese Untätigkeitsklage kann ohne Durchführung eines Vorverfahrens erhoben werden, laut § 75 S. 2 VwGO allerdings erst drei Monate nach Antragstellung.

3. Genehmigungserteilung mit Nebenbestimmungen

Hier geht es um die Fallgestaltung, dass einem Verlag eine Zulassung für ein konkretes Schulbuch erteilt wurde, diese Genehmigung aber mit Nebenbestimmungen versehen wurde, die den beantragten Genehmigungsumfang einschränken. Fast alle landesrechtlichen Zulassungsregelungen sehen vor, dass die Genehmigung eines Schulbuches befristet und unter Widerrufvorbehalt erteilt wird oder erteilt werden kann, teilweise wird die Genehmigung unter der Auflage erteilt, etwaige Mängel zu beseitigen.

a) Zulässigkeit der Klage

Auch hier ist der **Verwaltungsrechtsweg** gemäß § 40 Abs. 1 VwGO eröffnet.

Zu den umstrittensten Problemen im Verwaltungsprozessrecht gehört die Frage, mit welcher **Klageart** man sich gegen belastende Nebenbestimmungen zu einem begünstigenden Verwaltungsakt wenden kann.

---

[359] Ramsauer, Assessorklausur, Rz 15.22.

Nach älterer Auffassung wurde bei Auflagen, die auch heute noch als eigenständige Verwaltungsakte angesehen werden, ein Vorgehen mit der isolierten Anfechtungsklage als statthaft erachtet. Alle anderen Nebenbestimmungen wurden als integraler Bestandteil des begünstigenden Verwaltungsakts angesehen, die deshalb nicht isoliert anfechtbar sein sollten; hier sollte die Verpflichtungsklage auf Erlass eines nebenbestimmungsfreien Verwaltungsakt die richtige Klageart sein.[360] Als unstreitig gilt auch heute, dass Auflagen, die keine inhaltliche Veränderung des Hauptverwaltungsakts bewirken, selbständig mit der Anfechtungsklage angreifbar sind.[361]

Das gilt auch für eine Auflage, die einer Schulbuchgenehmigung beigefügt ist. Bei den anderen Nebenbestimmungen – wichtig sind bei der Schulbuchzulassung vor allem Befristung und Widerrufsvorbehalt – ergibt sich inzwischen jedoch ein uneinheitliches Bild. Einer Ansicht zufolge sind diese Nebenbestimmungen integrale Bestandteile des Hauptverwaltungsaktes und haben (anders als die Auflage) keinen selbständigen Charakter; da sie aus diesem Grund auch nicht selbständig anfechtbar sind, muss der Kläger hier im Wege der Verpflichtungsklage auf Erlass einer nebenbestimmungsfreien Genehmigung klagen.[362] Nach anderer Auffassung ist auch die isolierte Aufhebung von Befristung und Widerrufsvorbehalt möglich, falls dadurch Sinn und Regelungsinhalt des Hauptverwaltungsakts nicht verändert werden, Nebenbestimmung und Hauptverwaltungsakt also objektiv teilbar sind, und der Hauptverwaltungsakt folglich ohne die Nebenbestimmungen weiterbestehen kann.[363] Diese Auffassung überzeugt. Denn die isolierte Anfechtbarkeit ist nichts anderes als das Recht auf Teilaufhebung eines Verwaltungsakts, das sich aus dem Wortlaut des § 113 Abs. 1 S. 1 VwGO („soweit") ableiten lässt.

Eine Schulbuchzulassung wird in den meisten Bundesländern befristet und unter den Vorbehalt des Widerrufs gestellt. Damit soll die Beschränkung der Geltungsdauer zumindest ermöglicht werden. Da zwischen der Schulbuchzulassung

---

360 Hufen, Verwaltungsprozessrecht, § 14, Rz 56.

361 Hufen, Verwaltungsprozessrecht, § 14, Rz 62; Kopp/Schenke, VwGO, § 42, Rz 22; Happ in: Eyermann/Fröhler, VwGO, § 42, Rz 46. Etwas anderes gilt für die modifizierten Auflagen, Hufen, Verwaltungsprozessrecht, § 14, Rz 59 ff.

362 Happ in: Eyermann/Fröhler, VwGO, § 42, Rz 49.

363 Hufen, Verwaltungsprozessrecht, § 14, Rz 61 unter Verweis auf BVerwGE 60, 269 (275); Kopp/Schenke, VwGO, § 42, Rz 22-24.

und den genannten Nebenbestimmungen kein notwendiger Zusammenhang besteht, würde sich im Fall der isolierten Aufhebung dieser Nebenbestimmungen der Inhalt der Genehmigung nicht verändern, insofern sind Nebenbestimmungen und Hauptverwaltungsakt teilbar. Der Verlag kann daher sein Klageziel am einfachsten und effektivsten erreichen, wenn er gegen eine im Streit stehende Befristung beziehungsweise einen Widerrufsvorbehalt im Wege der isolierten Anfechtungsklage nach § 42 Abs. 1 VwGO vorgeht.

Für seine **Klagebefugnis** muss der Kläger gemäß § 42 Abs. 2 VwGO geltend machen, in eigenen Rechten verletzt zu sein. Nach der Adressatentheorie ist dies unstreitig der Fall, wenn der Kläger Adressat einer ihn belastenden Regelung ist.[364] Zwar ist die dem Kläger gegenüber erteilte Genehmigung ein begünstigender Verwaltungsakt. Auflage, Befristung oder Widerrufsvorbehalt schränken den Geltungsumfang der Genehmigung jedoch ein, so dass der Kläger nicht in den Genuss der beantragten uneingeschränkten Begünstigung kommt. Dadurch besteht die Möglichkeit der Verletzung eigener Rechte im Sinne des § 42 Abs. 2 VwGO; die Klagebefugnis liegt daher vor.

Für die weiteren Zulässigkeitsvoraussetzungen gilt das zu 1. Gesagte.

b) Begründetheit der Klage

Die isolierte Anfechtungsklage ist gem. § 113 Abs. 1 S. 1 VwGO begründet, wenn der Erlass der Nebenbestimmung rechtswidrig ist und der Kläger dadurch in eigenen Rechten verletzt wird. Die Rechtswidrigkeit kann sich insbesondere daraus ergeben, dass der Kläger einen Anspruch auf Erteilung eines nebenbestimmungsfreien Verwaltungsaktes hat.

4. Klage gegen den Widerruf einer erteilten Schulbuchzulassung

a) Zulässigkeit der Klage

Der **Verwaltungsrechtsweg** ist gemäß § 40 Abs. 1 VwGO gegeben. Die **Statthaftigkeit der Klageart** ergibt sich aus folgenden Erwägungen: Der Widerruf eines Verwaltungsakts gemäß § 49 VwVfG ist selbst auch ein Verwal-

---

[364] Hufen, Verwaltungsprozessrecht, § 14, Rz 78.

tungsakt im Sinne des § 35 VwVfG.[365] Er ist daher nach § 42 Abs. 1 VwGO mit der Anfechtungsklage anzugreifen, die auf die Aufhebung des Verwaltungsaktes gerichtet ist.

Die **Klagebefugnis** liegt vor, weil der Kläger geltend machen kann, durch den Widerruf einer ihn begünstigenden Genehmigung in eigenen Rechten verletzt zu sein, § 42 Abs. 2 VwGO.

Die Klage kann gemäß §§ 68 Abs.1 S. 2 Nr. 1, 74 Abs. 1, 81 VwGO ohne **Vorverfahren** spätestens einen Monat nach Bekanntgabe des Widerrufs schriftlich oder zur Niederschrift bei Gericht eingelegt werden.

b) Begründetheit der Klage

Gemäß § 113 Abs. 1 S. 1 VwGO ist die Anfechtungsklage begründet, wenn der Widerruf rechtswidrig und der Kläger dadurch in seinen Rechten verletzt ist. Hier ist also zu überprüfen, aus welchem Grund der Widerruf der begünstigenden Genehmigung unzulässig gewesen sein könnte.

II. Eltern und Schüler

Schüler und Eltern sind in das Schulbuchzulassungsverfahren grundsätzlich nicht eingebunden. Nur am Einführungsverfahren sind in einigen Bundesländern die Elternvertretungen beteiligt. In Niedersachsen haben Schulelternrat und Schülerrat bei der Einführung ein Recht zur Stellungnahme. Lehnt dort der Schulelternrat die Einführung mit 2/3-Mehrheit ab, muss die Schulbehörde über die Einführung entscheiden. In allen anderen Bundesländern fehlen spezielle Mitwirkungsrechte auf Eltern- und Schülerseite. Einzelne Schüler oder Eltern haben keine Möglichkeit, Einfluss auf die Entscheidung zu nehmen, welches zugelassene Schulbuch im Unterricht Verwendung finden soll. Zu prüfen bleibt, welche Möglichkeiten sie haben, sich gegen die Verwendung eines bestimmten Schulbuches gerichtlich zu wehren, durch das sie sich in ihren Erziehungs- und Freiheitsrechten beeinträchtigt fühlen.

---

[365] Maurer, Verwaltungsrecht, § 11, Rz 20.

1. Zulässigkeit der Klage

Gemäß § 40 Abs.1 VwGO ist der **Verwaltungsrechtsweg** bei öffentlich-rechtlichen Streitigkeiten nichtverfassungsrechtlicher Art eröffnet. Die Streitigkeit zwischen Eltern und Schülern auf der einen und der staatlichen Schule auf der anderen Seite spielt sich auf dem Gebiet des Schulrechts ab, das als klassische öffentlich-rechtliche Materie gilt. Der Verwaltungsrechtsweg ist daher gegeben.

Die **statthafte Klageart** ergibt sich aus dem Ziel, das der Kläger verfolgt. Hier geht es darum, die Entscheidung der zuständigen Schulgremien anzugreifen, ein zugelassenes Schulbuch in einem bestimmten Fach für bestimmte Klassenstufen an einer bestimmten Schule einzuführen. Die Klage muss sich damit gegen diese Einführungsentscheidung richten, nicht aber gegen die Zulassungsentscheidung selbst. Die Zulassung eines Schulbuchs ist nur die Voraussetzung für seine Einführung. Aus der Liste der zugelassenen Bücher werden an den Schulen diejenigen ausgewählt, die dort im Schulunterricht zum Einsatz kommen sollen. Die Einführungsentscheidung ist als Verwaltungsakt im Sinne des § 35 VwVfG zu qualifizieren, so dass die Anfechtungsklage gemäß § 42 Abs. 1 VwGO statthaft ist.

Häufig erledigt sich der Verwaltungsakt nach Klageerhebung. Dies ist typischerweise dann der Fall, wenn das Kind, das zusammen mit seinen Eltern gegen die Schulbuchverwendung klagt, nach Schuljahresende in eine höhere Klasse kommt, in der das in Streit stehende Schulbuch nicht mehr verwendet wird, und die belastende Wirkung der Einführungsentscheidung damit wegfällt. Fraglich ist deshalb, ob die Umstellung der Anfechtungsklage auf eine **Fortsetzungsfeststellungsklage** nach § 113 Abs. 1 S. 4 VwGO zulässig ist.

Ein Fortsetzungsfeststellungsinteresse liegt vor, wenn der Kläger ein berechtigtes Interesse daran hat, dass die Rechtswidrigkeit des erledigten Verwaltungsakts trotz seiner Erledigung festgestellt werde soll. Das ist nur zur Abwehr eines Nachteils, der unmittelbar bevorsteht oder sich konkret abzeichnet, der Fall.[366] Anerkannt ist ein berechtigtes Interesse unter anderem dann, wenn es dem Kläger um die Geltendmachung eines ideellen Interesses, insbesondere ei-

---

[366] Siehe BVerwGE 56, 155 (156 f.); Giemulla/Jaworsky/Müller-Uri, Verwaltungsrecht, Rz 844.

nes Rehabilitationsinteresses geht, das nach der Sachlage als schutzwürdig einzuordnen ist.[367] Unter Verweis auf diese Rechtsprechung hat das *Bundesverwaltungsgericht* ein Fortsetzungsfeststellungsinteresse bei der Klärung, ob die Benutzung eines bestimmtes Schulbuchs rechtswidrig gewesen ist, bejaht.[368] Danach besteht grundsätzlich die Möglichkeit, dass die Verwendung eines Schulbuchs dauerhaften Einfluss auf die Erziehung durch die Eltern und ihr Verhältnis zu ihrem Kind hat, das sich durch die Arbeit mit dem Schulbuch beeinflusst und verunsichert fühlen kann. Gerade in diesem für Eltern und Schüler grundrechtsrelevanten Bereich, in den die Benutzung eines Schulbuchs hineinwirkt, begründet deshalb ein berechtigtes Interesse an der Feststellung, ob die Verwendung dieses Buches rechtmäßig war oder nicht.[369] Vom Vorliegen eines Fortsetzungsfeststellungsinteresses ist daher auszugehen.

Da durch die Einführungsentscheidung eine Verletzung der in Art. 6 Abs. 1, 2 Abs. 1 GG verbrieften Erziehungs- und Freiheitsrechtsrechte von Eltern und Schülern möglich ist, liegt die **Klagebefugnis** im Sinne des § 42 Abs. 2 vor.

Gemäß § 68 Abs. 1 S. 1 VwGO ist die Einführungsentscheidung vor Erhebung der Anfechtungsklage in einem **Widerspruchsverfahren** auf ihre Recht- und Zweckmäßigkeit hin zu überprüfen; ein Fall der ausnahmsweisen Entbehrlichkeit eines Vorverfahrens liegt hier nicht vor. Die Anfechtungsklage ist gemäß §§ 74 S. 1, 81 VwGO innerhalb eines Monats nach Zustellung des Widerspruchsbescheids schriftlich oder zur Niederschrift bei dem zuständigen Verwaltungsgericht zu erheben.

2. Begründetheit der Klage

Maßstab für die Begründetheitsprüfung ist § 113 Abs. 1 S. 1 VwGO. Danach ist die Klage begründet, wenn die Einführungsentscheidung rechtswidrig ist und der Kläger dadurch in seinen eigenen Rechten verletzt wird. Das wäre der Fall, wenn durch die Einführung eines bestimmten Schulbuchs die Erziehungs- oder Freiheitsrechte von Eltern und Schülern verletzt wären.[370]

---

[367] Siehe BVerwGE 12, 87 (90); 26, 161 (168).

[368] BVerwGE 61, 164 (165 ff.).

[369] BVerwGE 61, 164 (167).

[370] Vergleiche dazu oben Teil C. IV. und V.

III. Lehrer

In Betracht zu ziehen ist weiterhin, dass ein einzelner Lehrer gegen das aus der Einführung resultierende Benutzungsgebot klageweise vorgehen will.

1. Zulässigkeit der Klage

Der **Verwaltungsrechtsweg** ist gem. § 126 Abs. 1 Beamtenrechtsrahmengesetz (BRRG) in beamtenrechtlichen Streitigkeiten gegeben. Um eine solche handelt es sich hier, wenn ein verbeamteter Lehrer sich gegen die Verpflichtung zur Verwendung eines Schulbuches im Unterricht wendet. Für Lehrer im Anstellungsverhältnis beurteilt sich die Rechtswegeröffnung nach § 40 Abs. 1 VwGO. Bei der Streitigkeit um das Benutzungsgebot eines Schulbuchs an einer staatlichen Schule handelt es sich um eine öffentlich-rechtliche Streitigkeit. Das Verfahren und die Auswirkungen der Einführungsentscheidung sind im Schulgesetz und verschiedenen öffentlich-rechtlichen Rechtsverordnungen und Verwaltungsvorschriften auf Länderebene geregelt. Der Verwaltungsrechtsweg ist daher eröffnet.

Die Anfechtungsklage gemäß § 42 Abs. 1 VwGO wäre dann die **richtige Klageart**, wenn es sich bei der Einführungsentscheidung oder zumindest bei der Anweisung, ein eingeführtes Schulbuch im Unterricht zu verwenden, um einen Verwaltungsakt handeln würde.

Da das Vorliegen des Merkmals der Außenwirkung im Sinne des § 35 VwVfG zumindest problematisch ist, soll hier auf den Rechtscharakter der Anweisung der Schulleitung an den Lehrer, ein Schulbuch zu verwenden, abgestellt werden. Die einschlägige Rechtsprechung hat diese Frage offen gelassen.[371] Bei der Anweisung handelt es sich nicht um eine rein innerdienstliche Weisung, also um einen organisatorischen Akt, der nur das Betriebsverhältnis betrifft, sondern um eine Anordnung innerhalb des Grundverhältnisses, der den Beamten als selbständige Rechtsperson und als Träger eigener Rechte und Pflichten betrifft.[372] Der einzelne Lehrer kann sich auf sein Recht auf pädagogische Freiheit bei der

---

[371]   OVG Mannheim, RdJB 94, 147 (149); BVerwG NVwZ 94, 583 ff.

[372]   Siehe zur Unterscheidung von Grund- und Betriebsverhältnis allgemein Erichsen in: Erichsen, Allgemeines Verwaltungsrecht, § 13, Rz 40 ff.; Maurer, Verwaltungsrecht, § 9, Rz 28.

Unterrichtsgestaltung berufen, das durch Art. 5 Abs. 3 GG für den Unterricht an der gymnasialen Oberstufe geschützt wird.[373] Die Möglichkeit, den Schulunterricht in pädagogischer, didaktischer und fachwissenschaftlicher Hinsicht völlig eigenverantwortlich zu gestalten, wird durch das Benutzungsgebot jedenfalls eingeschränkt, so dass er in seinem Grundverhältnis betroffen ist. Die Anfechtungsklage daher ist für einen Lehrer, der sich gegen die Benutzung eines Schulbuchs im Unterricht einer Oberstufenklasse richtet, statthaft.

Aus diesen Überlegungen erschließt sich auch die **Klagebefugnis** des Oberstufenlehrers gemäß § 42 Abs. 1 VwGO. Die Gewährleistung der pädagogischen Freiheit des Lehrers bei der Unterrichtsgestaltung ist in den Landesschulgesetzen verankert. Nach hier vertretener Auffassung ist sie auch durch Art. 5 Abs. 3 GG im gymnasialen Oberstufenbereich geschützt. Daher besteht die Möglichkeit, dass der Lehrer durch das Benutzungsgebot in eigenen Rechten verletzt ist. Die Klagebefugnis ist zu bejahen.

Der klagende Lehrer muss vor Klageerhebung erfolglos **Widerspruch** gegen die Anordnung der Schulbuchbenutzung eingelegt haben. Die **Klagefrist** beträgt gemäß § 74 Abs. 1 VwGO einen Monat nach Bekanntgabe der Anordnung, das Schulbuch zu benutzen. Die Klage muss den **Formanforderungen** des § 81 Abs. 1 VwGO genügen

2. Begründetheit der Klage

Die Begründetheit der Klage richtet sich nach § 113 Abs. 1 VwGO. Danach hat die Klage Erfolg, wenn der angegriffene Verwaltungsakt rechtswidrig und der Kläger dadurch in seinen Rechten verletzt ist. Die Beantwortung dieser Frage richtet sich nach dem materiellen Recht. Hier ist insbesondere zu prüfen, ob sich die Benutzungsanordnung als Eingriff in die grundrechtlich[374] gewährleistete pädagogische Freiheit des Lehrers an der gymnasialen Oberstufe, die in den einzelnen Schulgesetzen ebenfalls verankert ist, darstellt. Regelmäßig wird diese Anordnung durch das in Art. 7 Abs. 1 GG festgeschriebene Recht des Staates, Aufgaben der Schulaufsicht wahrzunehmen, gedeckt sein. Allerdings muss

---

[373] Siehe zur Begründung dieser von herrschender Lehre und Rechtsprechung abweichenden Ansicht Teil C. III.

[374] Siehe hierzu C. III. 1. b).

das Einführungsverfahren so ausgestaltet sein, dass der einzelne Lehrer innerhalb der für die Einführung eines Schulbuchs zuständigen Schulgremien Einfluss auf die Auswahlentscheidung nehmen kann. Das ist bei der Auswahlentscheidung in den Fachkonferenzen gewährleistet, da dort alle Fachlehrer an der Auswahlentscheidung beteiligt werden.

G. Zusammenfassung der Arbeitsergebnisse

1. Das Schulbuchzulassungsverfahren greift in den Schutzbereich des in Art. 5 Abs. 1 S. 2, 1. HS GG garantierten Grundrechts der Pressefreiheit ein. Dieser Eingriff in grundrechtlich geschützte Rechtspositionen von Verlag und Autor ist jedoch verfassungsrechtlich gerechtfertigt. Denn bei den Regelungen des Schulbuchzulassungsverfahrens handelt es sich um allgemeine Gesetze im Sinne des qualifizierten Gesetzesvorbehalts des Art. 5 Abs. 2 GG, soweit sie sich nicht nur auf der Ebene einer Verwaltungsvorschrift bewegen.

2. Das Schulbuchzulassungsverfahren verstößt nicht gegen das Zensurverbot des Art. 5 Abs. 1 S. 3 GG. Es umgeht dieses Verbot auch nicht in unzulässiger Weise.

3. Das Schulbucheinführungsverfahren verstößt nicht gegen die Pressefreiheit von Verlag und Autor.

4. Die pädagogische Freiheit des Lehrers in der Sekundarstufe II des Gymnasiums und an vergleichbaren, studienqualifizierenden Ausbildungsgängen fällt in den sachlichen Schutzbereich der Lehr- und Wissenschaftsfreiheit des Art. 5 Abs. 3 S. 1 GG. Die Tätigkeit von Lehrern an anderen Schulformen und Klassenstufen ist nicht als „Lehre" anzusehen und ist daher nicht durch Art. 5 Abs. 3 GG geschützt. Schulbuchzulassung und -einführung beschränken im Rahmen des Art. 7 Abs. 1 GG als kollidierendes Verfassungsrecht die pädagogische Freiheit des Oberstufenlehrers zulässigerweise. Ihm verbleibt trotz der Verpflichtung, ein zugelassenes und eingeführtes Schulbuch im Unterricht zu benutzen, ein genügend großer Spielraum, die Vermittlung von Bildungsinhalten eigenverantwortlich zu gestalten.

5. Das Schulbuchzulassungsverfahren greift nicht in Elternrechte ein. Demgegenüber stellt die Einführungsentscheidung über die Benutzung eines bestimmten Schulbuchs im Unterricht einen Eingriff in den Schutzbereich des Art. 6 Abs. 2 S. 1 GG dar. Einführungsentscheidung und tatsächliche Verwendung eines Schulbuchs sind jedoch aufgrund von Art. 7 Abs. 1 GG verfassungsrechtlich gerechtfertigt, solange die

Schulbuchinhalte keinen indoktrinierenden Charakter haben. Im letzten Fall wäre das staatliche Gebot zu Neutralität und Toleranz verletzt.

6. Auch das den Schülern durch Art. 2 Abs. 1 GG gewährleistete Grundrecht der allgemeinen Handlungsfreiheit wird aufgrund des Benutzungsgebotes eines eingeführten Schulbuchs nicht verletzt. Hier gilt das oben unter 5. Gesagte.

7. Die Verfahren der Schulbuchzulassung und -einführung fallen aufgrund ihrer Grundrechtsrelevanz unter den Gesetzesvorbehalt und sind daher durch oder aufgrund eines formellen Gesetzes zu regeln.

8. Aufgrund ihrer „Wesentlichkeit" für die Rechtsstellung der Betroffenen, d. h. ihrer besonderen Grundrechtsintensität, gilt für die Regelungen des Schulbuchzulassungsverfahrens und des Schulbucheinführungsverfahrens darüber hinaus auch der Parlamentsvorbehalt. Der Gesetzgeber muss deshalb in diesem Bereich die Leitentscheidungen, die den Kern der Schulbuchgenehmigungspolitik in einem Bundesland prägen, selbst treffen.

9. Dies gilt insbesondere für die wichtigsten Verfahrensbestimmungen, für die inhaltlichen Prüfkriterien und für die Frage, ob ein Einführungsverfahren durchgeführt werden soll und wer dafür zuständig ist.

10. Die Entscheidung über die Zulassung eines Schulbuchs unterliegt der beschränkten gerichtlichen Überprüfung, soweit es um prüfungsspezifische Fachurteile geht. Hier hat das Kultusministerium als zuständige Behörde einen Beurteilungsspielraum. Fachwissenschaftliche Fragen sind hingegen unbeschränkt nachprüfbar. Absolute Grenze des Beurteilungsspielraums auf ministerieller Ebene ist das Gebot staatlicher Neutralität und Toleranz. Ob gegen dieses Gebot verstoßen wurde, ist ebenfalls uneingeschränkt gerichtlich nachprüfbar.

11. Die Entscheidung über die Zulassung eines Schulbuchs ist ein Verwaltungsakt im Sinne des Verwaltungsverfahrensgesetzes. Wenn die Zulassungsvoraussetzungen vorliegen, muss die Genehmigung erteilt werden. Insoweit handelt es sich um eine gebundene Entscheidung der Verwaltung.

12. Der Widerruf einer erteilten Zulassung ist nur unter engen Voraussetzungen möglich. Als Widerrufsgründe kommen insbesondere die Tatbestände des § 49 Abs. 2 Nr. 1-3 VwVfG in Betracht.

13. Ein Widerruf gemäß § 49 Abs. 2 Nr. 3 VwVfG ist nur möglich, wenn sich im jeweiligen Einzelfall ergibt, dass die Veränderung von Bildungszielen und -inhalten in Lehrplänen und Rahmenrichtlinien als nachträglich eingetretene Tatsachen im Sinne dieser Vorschrift anzusehen sind. Das ist nur dann der Fall, wenn die Veränderung auf neuen wissenschaftlichen Erkenntnissen beruht und keine rein schulpolitischen Ursachen hat.

14. Auch bei der Entscheidung über die Einführung eines Schulbuchs an der Schule handelt es sich um einen Verwaltungsakt im Sinne von § 35 VwVfG.

15. Autor und Verlag können sich vor dem Verwaltungsgericht mit der Verpflichtungsklage gegen die Versagung einer Schulbuchgenehmigung wenden. Gegen eine Genehmigung, die unter einer Auflage oder unter Widerrufsvorbehalt ergeht, und gegen den Widerruf einer zuvor erteilten Genehmigung ist die isolierte Anfechtungsklage gemäß § 42 Abs. 1 VwGO statthaft.

16. Eltern und Schüler haben die Möglichkeit, gegen die Verwendung eines eingeführten Schulbuchs mit der Anfechtungsklage gemäß § 42 Abs. 1 VwGO vorzugehen. Diese ist bei Erledigung nach Klageerhebung auch als Fortsetzungsfeststellungsklage gemäß § 113 Abs. 1 S. 4 VwGO statthaft.

17. Auch der Lehrer, dessen pädagogische Freiheit von Art. 5 Abs. 3 GG geschützt ist, soweit er an der gymnasialen Oberstufe unterrichtet, kann vor dem Verwaltungsgericht eine Anfechtungsklage gegen das Gebot zu Benutzung eines eingeführten Schulbuchs erheben. Das Benutzungsgebot stellt für ihn eine Anordnung innerhalb des sogenannten Grundverhältnisses dar.